新譯列仙傳

張金嶺 注譯
陳滿銘 校閱

三民書局 印行

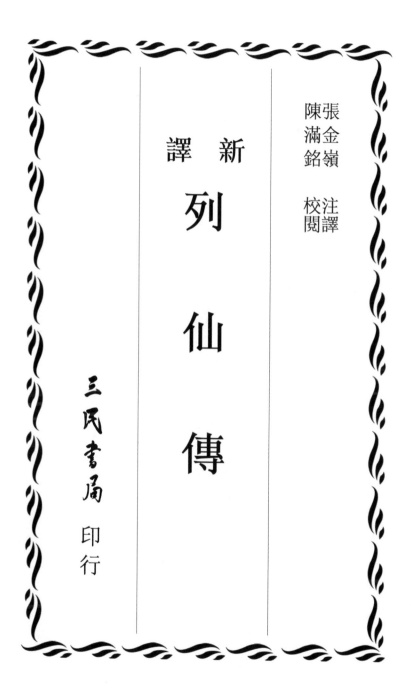

刊印古籍今注新譯叢書緣起

劉振強

人類歷史發展，每至偏執一端，往而不返的關頭，總有一股新興的反本運動繼起，要求回顧過往的源頭，從中汲取新生的創造力量。孔子所謂的述而不作，溫故知新，以及西方文藝復興所強調的再生精神，都體現了創造源頭這股日新不竭的力量。古典之所以重要，古籍之所以不可不讀，正在這層尋本與啟示的意義上。處於現代世界而倡言讀古書，並不是迷信傳統，更不是故步自封；而是當我們愈懂得聆聽來自根源的聲音，我們就愈懂得如何向歷史追問，也就愈能夠清醒正對當世的苦厄。要擴大心量，冥契古今心靈，會通宇宙精神，不能不由學會讀古書這一層根本的工夫做起。

基於這樣的想法，本局自草創以來，即懷著注譯傳統重要典籍的理想，由第一部的四書做起，希望藉由文字障礙的掃除，幫助有心的讀者，打開禁錮於古老話語中的豐沛寶藏。我們工作的原則是「兼取諸家，直注明解」。一方面熔鑄眾說，擇善而從；一方面也力求明白可喻，達到學術普及化的要求。叢書自陸續出刊以來，頗受各界的喜愛，使我們得到很大的鼓勵，也有信心繼續推廣這項工作。隨著海峽兩岸的交流，我們注譯的成員，也由臺灣各大學的教授，擴及大陸各有專長的學者。陣容的充實，使我們有更多的資源，整理更多樣化的古籍。兼採經、史、子、集四部的要典，重拾對通才器識的重視，將是我們進一步工作的目標。

古籍的注譯，固然是一件繁難的工作，但其實也只是整個工作的開端而已，最後的完成與意義的賦予，全賴讀者的閱讀與自得自證。我們期望這項工作能有助於為世界文化的未來匯流，注入一股源頭活水；也希望各界博雅君子不吝指正，讓我們的步伐能夠更堅穩地走下去。

新譯列仙傳 目次

卷下

導讀

《列仙傳》舊題為西漢劉向所撰。劉向（約西元前七七～前六年），字子政，本名更生，後改名向。是西漢皇族，楚元王劉交四世孫，歷仕宣、元、成帝三朝，官至光祿大夫。他精通《春秋穀梁傳》，學問淵博，為漢代名儒，著述宏富，撰有《尚書五行傳》、《三統曆譜》、《五經要義》、《世說》、《列女傳》、《新序》、《說苑》等百餘卷。宣帝時獻賦頌凡數十篇。由於宣帝喜好神仙方術，而淮南王曾著作《枕中鴻寶苑秘書》，記有神仙使鬼物為黃金的仙術，世人莫見。又恰好劉向父親劉德在武帝時負責審理淮南王謀反一案，得到這本書。於是劉向從小讀誦，認為是奇書，便獻給了宣帝，說依書中方法可以煉成黃金。宣帝下令依法炮製，花費了很大代價，也沒有煉出黃金。劉向由此獲「鑄偽黃金」罪，險被殺頭。後來他參加石渠閣會議，講論《五經》異同。

元帝即位，擢為散騎諫大夫給事中，以陰陽災異推論時政，劾奏外戚在位放縱及中書宦官弘恭、石顯弄權，於是遭恭、顯排擠達十餘年。漢成帝時拜官中郎，遷光祿大夫，奉詔領校中秘群書，撰為《別錄》。後來任中壘校尉，因為幾次上封事譏刺王氏及在位大臣，所以不得升官為九卿。卒年七十二歲。

劉向學問淵博，在中國歷史文獻整理和研究上有巨大貢獻。西漢朝廷看重文化建設，廣收圖書，漢武帝時設置專門的書寫官，對經書和諸子百家進行抄寫，收藏於秘府。後又經過昭、宣、元、成四位皇帝，圖書愈積愈多，「百年之間，書積如丘山。故外有太常、太史、博士之藏，內有延閣、廣內、秘室之府。」（《漢書・藝文志》如淳注引劉歆《七略》）這些藏書大部分未經整理，沒有統一編目，無法應用，其中有許多圖籍簡編斷朽，錯亂殘缺，文字脫訛，如不加整理校勘，將再度散佚。還有許多偽書需要別擇考辨。這就有必要對國家圖書進行整理編目。而漢成帝本人又是一位「好經書」、「博覽古今」的太平天子。因此，在河平三年（西元前二六年），漢成帝下令謁者陳農到各地搜求遺書。同時，將太常、太史、博士、延閣、廣內、秘室藏書集中到一起，由光祿大夫劉向負責，組合一群專家進行校書編目的工作。西元前六年，劉向去世，漢哀帝下令讓其第三子劉歆繼續此事業。兩年以後，經過劉向、劉歆父子二十多年的努力，終於圓滿完成了中國歷史上第一次由政府組織的大規模圖書整理編目工作，經過整理的圖書三萬三千零九十卷，收藏於天祿閣、石渠閣，建立了第一個國家圖書館。劉歆還寫出了我國第一部系統的圖書目錄——《七略》。這三個「第一」足以說明劉向及其子劉歆在保存、研究、傳播中國文化中做出的傑出貢獻。

《列仙傳》舊題為劉向所撰，葛洪《神仙傳》序言就已提到劉向此書，可見晉時人們就確信如此。但是，經後來學者考證研究，很多人認為《列仙傳》不是劉向所著，而是後人寫成，託名劉向，借重他的名望，便於流傳。黃伯思跋《列仙傳》說：「司馬相如云『列仙之儒，居山澤間。』列仙之名當始此。傳云劉向作，而《漢書》向所序六十七篇，但有《新序》、《說苑》、《列女傳》等，而無此書。又《敘書》並贊不類向文，恐非其筆。然事詳語約，辭旨明潤，疑東京文也。」（《東觀餘論》）胡應麟說：「案《漢書．藝文志》，『劉向所敘六十七篇』，止《新序》、《說苑》、《世說》、《列女傳》而無此書。《七略》劉歆所定，果向有此書，班氏決弗遺；蓋偽撰也。當是六朝間人因向傳列女，又好神仙家言，遂偽撰託之。其書既不得真，則所傳之人恐亦未必皆實。考此傳，孫綽及郭元祖各為贊，非六朝則三國無疑也。」（《四部正譌》）而當代從事中國神話研究的著名學者——袁珂先生在他編著的《中國神話傳說詞典》「列仙傳」條中認為：「然東漢王逸注《楚辭》、應劭《漢書音義》已引《列仙傳》文字，則向作亦有可能。」至今，《列仙傳》的作者究竟是何人，實在還沒有定論。雖然對《列仙傳》的作者是誰，我們目前只能抱著審慎的存疑態度，但這並不妨害我們閱讀它。即使它確實是一本託名劉向的偽書，仍然不失其文獻價值。

中國歷史上最早系統地給神仙立傳的，就是這部《列仙傳》，它開了後代道士或文人給神仙立傳的先河。在它之後，較著名的有葛洪的《神仙傳》、王世貞的《列仙全傳》等。說它最早，並不是說在它之前就沒有神仙的傳說或記載，只是說它第一次專門把神仙事跡匯集起來。在它以前的《詩經》和正史著作中已有關於神仙事跡的零星記載。還不包括自遠古以來民間口耳相傳的神仙傳說。而民間這種傳說是隨處可聞、豐富多彩的。《列仙傳》裡神仙故事的來源也不外乎上述兩種材料。

現代人習慣上將神仙籠統看待，其實原來的神與仙尚存在一定區別。神處於彼岸世界，主宰世間的人事萬物。而仙則還是人，只是通過修煉行氣、服食丹藥、積德行善，達到長生不死，使肉體和靈魂同時永世長存的境界。仙人可化身為人間各行各業的凡人，呈現仙凡相通的特點，尤具濃厚的人情味。正如《列仙傳》第五十則故事〈谿父〉中所言：「形絕埃𡑞，心在舊俗。」因此，嚴格地講，《列仙傳》是仙話專著。

仙話的特徵之一是：求長生不死之術。長生不死是先民的一種幻想，雖然看來荒誕，但是也不能草率地斥之為胡說八道。按照文化人類學功能學派的觀點，認為在樸素的人類心理和生理上，有一種自發的對死亡的抗拒，認為人類具有靈魂，死亡就不是真的，既然靈魂不死，就會產生一種永生的信仰。長生不死同原始巫術有密切聯繫。仙話是原始巫覡思想的遺跡，也是春秋戰國時期燕、齊海濱地區方士對出現的海市蜃樓現象不理解而產生的神仙思想的形象化反映。由於追求長生不死，神仙家們收集探索到一些衛生保健知識，而導引行氣、煉丹服藥是成仙的重要手段。這對中醫學的貢獻是很大的。所謂長生不死之術，除掉其神秘色彩，究其實也不過是講做好衛生保健，增強體質，以達到健康長壽的目的。

特徵之二是：修道昇天，永享富貴。這是仙話之所以引人入勝的重要原因。人們總是幻想超越時空的局限，修煉得道，脫離塵俗，白日飛昇，進入極樂的仙人世界。

《列仙傳》第三十五則故事〈蕭史〉，講弄玉吹簫，引來仙鳥鳳凰，乘騎鳳凰飛天。作者描繪得活靈活現，好像實有其人其事，情節神奇瑰麗，引發人們白日飛昇的遐想。

特徵之三是：仙話具有濃厚的人情味，道德圓滿是成仙的資格。仙人雖然風裡來、雨裡去，飄渺逍遙，但與人間總是藕斷絲連，以懲惡揚善、仁民愛物為己任。如《列仙傳》第四十則故事〈崔文子〉，用自己炮製的黃散赤丸給人民治病，救活了無以數計的患者。而第三則故事〈馬師皇〉，不僅擅長給馬治病，也給龍治病，都是手到病除，妙手回春，感動了神龍，神龍馱他昇仙。第五十三則故事〈陰生〉中，虐待乞討小兒陰生的狠心商人終於受到了懲罰，真是善有善報、惡有惡報啊。這些故事表明了人們對善良的追求，對醜惡的唾棄。中華民族是重視人倫道德的民族，這個特性在仙話中也得到了印證。

上面介紹了仙話的一般特徵，這裡再針對《列仙傳》的內容，展開簡要的闡述。《列仙傳》共記仙人故事七十則，以赤松子為首，至玄俗剎尾，共計有七十一位仙人（附記仙人不算在內），這些仙人所處時間為遠古到漢成帝時。這些仙人中，有歷史人物，如呂尚、范蠡、老子、介子推、東方朔、鉤翼夫人；有傳說中人物，如黃帝、赤松子、彭祖；也有作者虛構的人物，如馬師皇、祝雞翁、脩羊公、園客、負局先生等。按人物職業來論，有建功立業的帝王將相，如黃帝、呂尚、范蠡；有技藝高超的手藝人，如獸醫馬師皇、釀酒能手酒客、巧木匠鹿皮公；有性情賢淑、姿色美麗的仙女，如江妃二女、鉤翼夫人；有道術理論的思想家，如老子、關尹喜；更多的則是從事呼吸吐納、道引服氣、煉食仙藥、房中交接的專門修煉者。作者通過各歷史時期、各色人等的成仙事跡，意在向人們說明世有神仙，而神仙也可求，不管你在社會上扮演什麼角色，都可以通過修煉，達到昇仙的結果，實現長生不死的美妙理想。

《列仙傳》所記凡人成仙的表現，也有多種形式。有不飢不寒、身輕如飛式，如毛女；有返老還童式，如彭祖、昌容、赤斧、稷丘君、商丘子胥；有乘龍昇天式，如子英、陶安公、呼子先、陵陽子明、馬師皇；有隨鳳凰飛去式，如蕭史、弄玉；有乘白鶴飛翔式，如王子喬；有死而復生式，如谷春；有屍解式，如呂尚、鉤翼夫人等。這些說明成仙的途徑有多樣。概括起來，成仙修煉的方術主要有三類：一是服食；二是養身或兼服食；三是善報，即行善事得到好報應。

《列仙傳》向我們展現了一個栩栩如生的仙人畫廊，是古人給我們留下的文化瑰寶，不同的人可以從中領會到不同的營養。它是信奉道教的人必讀的書，又是宗教研究者的研究對象，是喜歡養生術的人的參考書，更是文辭典雅、意味雋永的文學作品，對中國文學藝術的影響很大。此外，也能從中學到不少中醫學的知識，不僅有幾十種藥物名稱，還記載了幾個鍼對某種病症的藥方，如用地黃、當歸、羌活、獨活、苦參來治療骨折損傷（〈山圖〉）；用瓜子、桂附子、芷實來強身延年；用菊花、地膚子、桑寄生、松子來益氣壯身；用巴豆作為瀉藥等等，不一一具論。

最後，特別說明一下《列仙傳》的文學成就。作者雖然以神仙可求作為本書的主旨，不是為藝術而藝術，但是，為了更好地表現主題，語言的運用十分講究，「事詳語約，辭旨明潤」，達到了很高的藝術水準。

《列仙傳》的每則故事都很簡潔，少則幾十字，多則一二百字。而每則故事都有首有尾，每則結束又附一首四言八句詩，構成一個有血有肉的整體。文字儘管簡潔，但包含的內容卻是豐富多彩的。屬於神秘色彩的情節，配以生動形象的描寫，渲染出恍兮忽兮的夢幻氛圍，創造出勾人魂魄的詩情畫意。有的故事，不僅情節完整，還穿插著人物動作、表情及個性化的對話，很有藝術感染力。下面以著名的〈漢皋解佩〉

（即〈江妃二女〉）作為例子，予以賞析。

在漢水之濱，鄭交甫巧遇兩位美麗仙女，頓生愛慕之情。僕人勸他不要唐突，免得招來沒趣。鄭交甫情不自禁，冒著風險，大膽向二位仙女表白心腸，用楚地民歌唱出自己的心願。二位仙女不僅沒有奚落他，反而也用相似的詩句唱和，表達了投桃報李之意。二女滿足了鄭交甫的請求，慷慨解下玉佩相贈，作為定情之物。鄭交甫喜出望外，接過玉佩，揣在心窩上，珍愛之情無以復加。不料，才走不遠，玉佩不見，二仙女也轉眼消逝了。此時，鄭交甫的惆然無寄的心情可想而知。作者運用反覆拉沓的詩句創造了一個動人的畫面，耐人尋味。而在故事的起伏跌宕中把人帶到雲霧繚繞、撲朔迷離的仙界。正由於這則故事有較強的藝術魅力，所以，「漢皋解佩」便成為一個眾所周知的典故，唐人錢起吟唱道：「曲終人不見，江山數峰青。」像這樣寫得十分精彩的故事，《列仙傳》中還有不少，這裡就不再一一介紹，請讀者自己去欣賞。

末了，需要說明的是：《列仙傳》這本書，前人沒有注譯過，可供借鑒的成果幾乎沒有，注譯者是做拓荒的工作。面對這本內容複雜、風貌多端的古書，憑藉螞蟻啃骨頭的精神，終於完成了注譯工作。由於知識水準所限，不足之處一定不少，懇請學界同仁和廣大讀者朋友批評指正。

張金嶺

一九九五年十月

卷上

一　赤松子

赤松子❶者，神農時雨師❷也。服水玉❸以教神農，能入火自燒。往往至崑崙❹山上，常止西王母石室❺中。隨風雨上下，炎帝少女追之❻，亦得仙，俱去。至高辛❼時，復為雨師。今之雨師本是焉。

眇眇❽赤松　飄飄少女　接手❾翻飛　泠然❿雙舉

縱身長風　俄翼玄圃⑪　妙達巽坎⑫　作範司雨⑬

【章旨】

本章寫赤松子服食水晶成仙，成為掌管雨的神仙的故事。

【注釋】

❶赤松子　傳說中的仙人。

❷雨師　掌管雨的神仙。

❸服水玉　食水晶。服，服食；吃。水玉，水晶的古稱，因清如水、瑩如玉而得名。服食藥石是神仙家追求長生成仙的一種修煉方法。

❹崑崙　通「昆侖」。古代傳說中的仙山。相傳女神西王母就住在崑崙山上。

❺石室　道家山中隱居之室。

❻追之　跟隨赤松子。之，指赤松子。
❼高辛　上古帝嚳的號（號是古代對人的尊稱和美稱）。黃帝的曾孫、堯的父親。
❽眇眇　風吹動的樣子。
❾接手　攜手；手拉著手。
❿泠然　輕妙的樣子。
⓫俄翼玄圃　頃刻飛臨仙界。俄，頃刻。翼，動詞，飛。玄圃，傳說中仙人的住所。相傳崑崙山上有金臺五所、玉樓十二，是神仙所居。
⓬巽坎　指風和水。巽和坎都是《易》卦名稱。巽☴，像風。坎☵，像水。
⓭作範司雨　制定掌管雨的法度。作，創造。範，規範；法度。

【語　譯】

赤松子是神農時掌管雨的神仙。他服食水晶成了仙後，把這種修煉法教給神農，能進入火中讓自身燃燒起來。他常到崑崙山，停在西王母的石室中。他隨著風雨上下飄遊，炎帝的小女兒跟隨著他，也成了仙，一起昇仙離去。他到高辛時又成雨師。現在的雨師就是他。

赤松乘風翱翔　　仙女隨著飄揚
攜手上下翻飛　　雙雙輕妙高昇
縱身悠悠長風　　頃刻飛到崑崙
神通呼風喚雨　　雨水由他操縱

二　甯封子

甯封子者，黃帝時人也，世傳為黃帝陶正❶。有人過之❷，為其掌火，能出五色煙，久則以教封子。封子積火自燒，而隨煙氣上下，視其灰燼，猶有其骨。時人共葬於甯北山❸中，故謂之甯封子焉。

奇矣封子　妙稟❹自然　鑠質洪鑪❺　暢氣五煙

遺骨灰燼　寄❻墳甯山　人覿❼其跡　惡識其玄❽

【章旨】

本章寫黃帝時掌管製陶器的官員甯封子投身洪鑪而成仙的故事。

【注　釋】

❶陶正　上古官名，掌管製造陶器事。
❷過之　拜訪他。過，拜訪。
❸甯北山　山名。地點今不詳。
❹稟　承受。
❺鑠質洪鑪　在大火鑪中熔化身體。鑠，熔銷。質，本體。洪鑪，大火鑪，借指天地自然。
❻寄　寄託；留。
❼覩　通「睹」。看見。
❽惡識其玄　怎知道他的神妙。惡，疑問代詞，怎；如何。玄，深奧；神妙。

【語　譯】

甯封子是黃帝時代人，世人相傳他是黃帝時掌製造陶器的官員。曾有一位仙人拜訪他，為他主持燒火的工作，能燒出五彩繽紛的煙氣。過了很久，就把他的方法教給封子。封子生起大火讓自己燃燒起來，於是隨煙氣上下飄動，從灰燼中還可以看到他的遺骨。當時的人們將他埋葬在甯北山中，因此稱呼他甯封子。

神奇啊甯封子　稟受自然之妙
熔自身於洪鑪　燒出五色煙氣
遺骨成為灰燼　寄墳丘於甯山
世人只見蹤跡　怎知他的神妙

三 馬師皇

馬師皇者，黃帝時馬醫也。知馬形生死之診，治之輒愈❶。後有龍下，向之垂耳張口。皇曰：「此龍有病，知我能治。」乃鍼❷其脣下口中，以甘草湯飲之而愈。後數數❸有疾龍出其波，告而求治之。一旦，龍負皇而去。

師皇典❹馬　廄無殘駟　精感群龍　術兼殊類
靈虯❺報德　彌鱗銜轡❻　振躍天漢❼　粲有遺蔚❽

【章旨】

本章寫黃帝時馬醫因為龍治病妙手回春，龍遂感恩馱他昇天的故事。

【注　釋】

❶輒愈　總能痊癒。

❷鍼　「針」的本字。醫療用具。中醫治病之術，用針刺穴位，通經脈，調血氣。

❸數數　多次。

❹典　主治；掌管。

❺靈虬　神龍。虬，「虯」的異體字。傳說中的無角龍。

❻彌鱗銜轡　披滿鱗片，戴著銜鐵和轡頭。

❼天漢　天河；天界。

❽遺蔚　多餘的光彩。指十分光彩照人。

【語　譯】

馬師皇是黃帝時擅長給馬治病的獸醫。他能診斷馬的各種病症，治療後總是妙手回春。後來有龍下來，向馬師皇垂耳張口。馬師皇說：「這條龍有病了，知道我能為牠治好。」於是在龍的唇下和口中的穴位施以針灸治療，並且餵以甘草湯，龍的病就好了。後來病龍多次從水中出來，向馬師皇求醫。有一天，龍便背負他昇天而去。

神醫師皇治馬　廄內群馬病除
醫術感通群龍　治龍兼及他類
神龍感恩報德　披鱗銜轡迎接
抖身躍上天庭　十分光彩照人

四 赤將子輿

赤將子輿者，黃帝時人。不食五穀❶，而啗❷百草花。至堯帝時，為木工。能隨風雨上下。時時於市中賣繳❸，亦謂之繳父云。

蒸民❹粒食　孰享遐祚❺　子輿拔俗❻　餐葩飲露
託身風雨　遙然❼矯步❽　雲中可遊　性命可度❾

【章旨】

本章寫赤將子輿吃百草花成仙的故事。

【注釋】

❶五穀　五種穀物。說法不一：一種認為是指麻、菽、麥、稷、黍；一種認為是指黍、稷、麥、稻，有稻而無麻。後來統稱穀物為五穀，不一定限於五種。

❷噉　同「啖」、「啗」。吃。

❸繳　生絲縷。

❹蒸民　眾民；百姓。蒸，同「烝」。

❺孰享遐祚　誰享長生之福。遐，長久。祚，福；年歲。

❻拔俗　超越流俗。

❼遙然　飄蕩的樣子。

❽蹻步　闊步。蹻，蹻健；高舉。

❾度　超度。這裡指由世俗人變為仙人。

【語譯】

赤將子輿，是黃帝時人。不吃五穀，而吃百草花。在堯執政時當木工。他能隨著風雨上下飄動。常到市場上賣生絲，人們也稱呼他叫繳父。

普通人食五穀　何人享長生福
子輿超凡脫俗　獨能餐葩飲露
寄身風雨之中　闊步高舉飄動
雲中自在漫遊　生命脫俗成仙

五 黃帝

黃帝者，號曰軒轅。能劾❶百神，朝而使之。弱❷而能言，聖而預知❸，知物之紀❹，自以為雲師。有龍形。自擇亡日，與群臣辭。至於卒，還葬橋山。山崩，柩空無尸，唯劍舄❺在焉。仙書云：黃帝採首山❻之銅，鑄鼎於荊山❼之下。鼎成，有龍垂胡髯下迎帝，乃昇天。群臣百僚悉持龍髯從帝而升。攀帝弓及龍髯，拔❽而弓墜，群臣不得從，望帝而悲號❾。故後世以其處為鼎湖，名其弓為烏號焉。

神聖淵玄❿　邈⓫哉帝皇　蹔莅⓬萬物　冠名百王

化周六合⓭　數通無方　假葬⓮橋山　超升昊蒼⓯

【章旨】

本章寫軒轅黃帝作為百神之主，神聖玄妙，最後龍迎他上天的故事。

【注釋】

❶**劾**　揭發、審判罪人。

❷**弱**　年少。

❸**聖而預知**　聰明睿智能預見未來。聖，無事不通。

❹**紀**　法度準則。

❺**舄**　鞋。單底為履，複底而著木者為舄。

❻**首山**　山名。名叫首山者有三：一在今山西省永濟縣南，即首陽山；一在今河南省偃師縣西北，也名首陽山；一在今河南省襄城縣南。

❼荊山　山名。名叫荊山者有四：一在湖北省南漳縣西；一在陝西省富平縣西南；一在安徽省懷遠縣西南；一在河南省靈寶縣南，黃帝鑄鼎傳說在此山。

❽拔　抽取；拔掉。

❾悲號　悲痛號咷大哭。

❿淵玄　深邃；深奧。

⓫邈　久遠。

⓬蹔莅　暫時監臨。蹔，同「暫」。莅，通「涖」。臨；到。

⓭六合　天地四方。

⓮假葬　暫時安葬。假，臨時。

⓯昊蒼　天；太空。

【語　譯】

黃帝，尊號叫軒轅。能約制百神，使百神都朝拜他，聽他使喚。黃帝很小時就會說話，聰明極了，能預見未來，了解事物的規律，自以為是雲神。他長得像龍。自己擇定死的日子，與群臣告別。死後，安葬在橋山。有一天，山崩塌，人們發現靈柩中沒有屍體，只有劍和鞋子。仙書上說：黃帝採首山的銅，在荊山下鑄造鼎，鼎鑄成時，有一條龍垂下鬍鬚迎接黃帝，黃帝於是昇天。群臣百官也都拽著龍鬚，要與黃帝一起昇天。他們攀著黃帝的弓和龍鬚，黃帝的弓被拔掉，落了下來，群臣便無法與黃帝一起昇天，仰望著黃帝，悲痛地號咷大哭。因為這個緣故，後世把黃帝鑄鼎的地方稱作「鼎湖」，給他的弓起名叫「烏號」。

神聖又深奧啊　黃帝境界高遠
暫時統帥萬物　名冠百王之上
化及天地四方　聰明睿智無限
臨時葬於橋山　超凡成仙昇天

六 偓佺

偓佺者，槐山採藥父❶也。好食松實❷，形體生毛，長數寸，兩目更方❸，能飛行逐走馬。以松子遺❹堯，堯不暇❺服也。松者，簡❻松也。時人受服者，皆至二三百歲焉。

偓佺餌❼松　體逸眸方　足躡❽鸞鳳　走超騰驤

遺贈堯門　貽❾此神方　盡性可辭❿　中智宜將⓫

【章旨】

本章寫採藥人偓佺好吃松子以養生，並將此神方妙藥給予別人，都能夠長壽的故事。

【注　釋】

❶採藥父　採藥人。父，從事某種行業的人的通稱，如漁父。

❷松實　松樹的子。

❸更方　變得方正。更，變。

❹遺　給。

❺暇　空閒。

❻簡　大。

❼餌　吃。

❽躡　追趕。

❾貽　贈給。

❿辭　不受。

⓫將　奉行。

【語 譯】

偓佺，是槐山上的採藥人。好吃松子，身上長了毛，有幾寸長，兩眼變得方正，能疾步如飛地追逐奔馳的馬。曾拿松子送給堯，堯沒有時間吃。這種松子是一種極大的松子，當時服食的人都可活到二、三百歲。

偓佺服食松子　身體健眸子方
疾步能逐鸞鳳　快捷超過奔馬
將松子給帝堯　贈送神方妙藥
全性人可不用　一般人應奉行

七 容成公

容成公者，自稱黃帝師，見於周穆王❶，能善補導❷之事，取精於玄牝❸。其要谷神❹不死，守生養氣者也。髮白更❺黑，齒落更生。事與老子同，亦云老子師也。

亹亹❻容成　專氣致柔❼　得一在昔❽　舍光獨游❾
道貫黃庭❿　伯陽⓫仰儔　玄牝之門　庶幾⓬可求

【章　旨】

本章寫容成公善於養生因而長生的故事。

【注釋】

❶**周穆王** 西周第五代帝王，名滿。他東討徐戎，西征犬戎。《穆天子傳》演述穆王乘八駿西行見西王母的故事。

❷**補導** 採補與導引。採補，採自然之精華來充實自身。導引，亦作「道引」。道家（教）的一種養生術，指呼吸俯仰，屈伸手足，使血氣流通，促進身體健康。

❸**玄牝** 道家指衍生萬物的本源。《老子・六章》說：「谷神不死，是謂玄牝。玄牝之門，是謂天地之根。」

❹**谷神** 谷中空虛之處，含虛懷深藏之意。一說為腹中的元神。漢代河上公注：「谷，養也，人能養神則不死也。神，謂五藏之神也。」

❺**更** 再；又。

❻**亹亹** 忠厚。

❼**專氣致柔** 凝聚精氣，行為柔弱。《老子・十章》說：「載營魄抱一，能無離乎？專氣致柔，能嬰兒乎？滌除玄覽，能無疵乎？」意思是：關於堅守靈魂、抱持大道這兩件事，我能不離

開嗎？集中精氣，行為柔弱，在這兩點上我能和嬰兒一樣嗎？洗淨內心的玄妙的鏡子，能夠使它沒有一點塵垢嗎？以上是道家（教）養生理論的重要內容。

❽**得一在昔** 古時候達到道的境界的人。語出《老子．三十九章》：「昔之得一者：天得一以清，地得一以寧，神得一以靈，谷得一以盈，萬物得一以生，侯王得一以為天下貞。」一，道的別名。

❾**舍光獨游** 捨棄自己的光彩，混同於大道，獨與天地精神往來。

❿**黃庭** 道家（教）以人的腦中、心中、脾中，或自然界的天中、人中、地中為黃庭。

⓫**伯陽** 指老子。老子，姓李，名耳，字伯陽。

⓬**庶幾** 差不多；也許可以。

【語　譯】

容成公，自稱是黃帝的老師，和周穆王見過面，精通「道引」之術，從天地本源那裡吸取精氣。主要是想達到虛懷若谷、保護生命、培養精氣的目的。結果他蒼白的頭髮又變成黑色，牙齒落了又長出新牙。事跡與老子相同，也有人說他是老子的老師。

忠實厚道容成　能夠專氣致柔
古時就已得道　脫塵俗逍遙遊
道術通天地人　老子仰慕追隨
要想進入道門　這樣可望成功

八 方回

方回者，堯時隱人❶也。堯聘以為閭士❷，煉食雲母❸，亦與民人有病者，隱於五柞山中。夏啟末，為宦士❹，為人所劫，閉之室中，從求道。回化❺而得去，更以方回掩封其戶❻。時人言：「得回一丸泥塗門，戶終不可開。」

方回頤生❼　隱身五柞　咀嚼雲英　悽心隙漠❽
郤閉幽室❾　重關自廓　印❿改掩封　終焉不落⓫

【章旨】

本章寫隱士方回煉食雲母而成仙的故事。

【注　釋】

❶隱人　隱居之士。
❷閭士　閭胥，官名。古代以二十五家為一閭。閭胥掌管閭中的徵令，如徵賦、徵役等。
❸雲母　一種礦石，神仙家服食之物。按質地色澤分為雲英、雲珠、雲母、雲液、雲膽等。《本草經》將雲母列為上品。
❹官士　官吏的通稱。
❺化　指死。道家稱死為羽化。
❻戶　門。
❼頤生　保養生命。
❽隙漠　空閒淡漠。隙，空；閒。
❾幽室　昏暗的房間。
❿印　痕跡。
⓫落　脫落。

【語譯】

方回，是堯時隱士。堯請他擔任閭胥，他煉食雲母，也送給病人服食，隱居在五柞山中。夏啟末年，擔任官職，被人劫持，關在黑屋中，強迫他傳授長生成仙之道。方回便羽化而去。後來又現出原形，封閉了那個門戶。當時人說道：「經由方回用一丸泥塗門，那扇門從此再也打不開了。」

方回保養生命　隱居五柞山中
服食仙藥雲英　精神淡漠安寧
遭人劫持幽禁　門戶牢牢掩封
改由泥丸塗門　永久不會脫落

九　老子

老子，姓李，名耳，字伯陽，陳❶人也。生於殷時，為周柱下史❷。好養精氣，貴接❸而不施，轉為守藏史❹，積八十餘年，《史記》云二百餘年。時稱為隱君子，謚❺曰聃。仲尼❻至周，見老子，知其聖人，乃師之。後周德衰，乃乘青牛車去，入大秦❼，過西關。關令尹喜待而迎之，知真人❽也。乃強使著書，作《道德經》上下二卷。

老子無為　而無不為❾　道一生死　跡入靈奇
塞兌內鏡❿　冥神絕涯　德合元氣　壽同兩儀⓫

【章旨】

本章寫道家（教）祖師老子的生平事跡。

【注釋】

❶**陳** 春秋諸侯國名。周初封舜的後代嬀滿於陳，春秋末被楚國所滅。國在今河南省淮陽縣及安徽省亳縣一帶。

❷**柱下史** 周秦官名，相當於漢以後的御史，因其常侍立在殿柱之下，故名。相傳老子曾做過柱下史，後來就以柱下為老子或老子的《道德經》的別稱。

❸**接** 接納；承受。

❹**守藏史** 掌管國家圖書的史官。

❺**謚** 人死後所起的稱號。

❻**仲尼** 孔子字仲尼。孔子問禮於老聃的事見載於《史記・孔子世家》、《史記・老子韓非列傳》及《禮記・曾子問》等文獻。

❼**大秦** 中國古代稱羅馬帝國為大秦。

❽**真人** 道家（教）稱存養本性的得道之人。

❾**無為而無不為** 老子學說的核心思想，意在勸人不要胡作妄為，應順從大道，這樣做什麼都能成功。

❿**塞兌內鏡** 堵塞內心的知識欲望。鏡，比喻人心。

⓫**兩儀** 指天地。

【語　譯】

老子，姓李，名耳，字伯陽，是陳國人。生於殷代。擔任過周朝的柱下史。好養精氣，看重內斂收納而不向外擴張。後來又轉任掌管國家圖書的史官。活了八十多歲，《史記》說是二百餘歲，當時人稱他是隱君子。死後人們給他起謚號叫「聃」。孔子在周朝見過老子，知道他是學識最淵博的人，就拜他為師。後來周朝衰微，老子乘青牛離去。就在往羅馬帝國去的途中經過西部一個邊關，守將尹喜特地等待歡迎他的到來，因為尹喜知道他是真人。於是，硬要他著書，作成了《道德經》上下二卷。

老子崇尚無為　無為而無不為
道生一齊生死　事跡真是神奇
堵塞關閉心鏡　神遊無涯宇宙
德性符合自然　壽同天長地久

一〇 關令尹

關令尹喜者，周大夫❶也。善內學❷，常服精華❸，隱德修行❹。時人莫知老子西遊，喜先見其炁❺，知有真人當過，物色而遮之❻。果得老子。老子亦知其奇，為著書授之。後與老子俱遊，流沙化明❼，服苣勝實❽，莫知其所終。尹喜亦自著書九篇，號曰《關尹子》。

尹喜抱關　含德為務　挹漱日華❾　仰玩玄度❿
候氣真人　介⓫焉獨悟　俱濟流沙　同歸妙趣

【章旨】

本章寫關令尹喜見老子，向他學習因而得道的故事。

【注釋】

❶**大夫**　古代官職名。

❷**內學**　圖讖之學。圖讖，漢代宣揚符命占驗的書。因其事秘密，呈奇文，顯異象，故稱內學。

❸**精華**　指事物最精粹的部分。

❹**隱德修行**　個人篤實修德行仁，卻隱匿不露。

❺**炁**　同「氣」。雲氣。

❻**物色而遮之**　看見雲氣有奇異顏色而攔住加以尋找。

❼**流沙化明**　此句應作「流沙化胡」。否則文意不可解。古代有「老子化胡」的傳說。流沙，沙漠。胡，我國對外國或外族的稱呼。

❽**苣勝實**　胡麻籽。苣勝，即胡麻。

❾**挹漱日華**　吸取太陽的精華。日華，指太陽的精華。服日華是神仙家的一種仙術，其要求是：「瞑目握固，存日中五色流霞來繞一身，於是日光流霞俱入口中，名曰日華。」

❿**玄度**　指月亮。

⑪介　有心事。

【語　譯】

關令尹喜，是周朝的大夫。精通圖讖之學，常服食自然界的精華，修德行仁而不外露。當時的人們都不知道老子西遊，唯獨尹喜先望見奇異的雲氣，便知道將有真人從當地經過。攔此雲氣而尋覓，果然找到了老子。老子也知道尹喜非同一般人，就著書交給他。尹喜後來就和老子一起遊歷，到沙漠那裡教化胡人，服食胡麻籽。再後來的事就沒有人知曉了。尹喜也自己著書九篇，名叫《關尹子》。

尹喜鎮守西關　用心修行道德
吸取太陽精華　仰觀月亮風彩
望氣迎候真人　唯他心領神會
共同遊歷流沙　同歸大道妙趣

一一　涓子

涓子者，齊人也。好餌朮❶，接食❷其精，至三百年乃見於齊，著《天人經》四十八篇。後釣於荷澤❸，得鯉魚，腹中有符❹。隱於宕山，能致風雨，受伯陽九仙法。淮南山安❺，少得其文，不能解其旨也。其〈琴心〉三篇有條理焉。

涓老餌朮　享茲遐紀❻　九仙既傳　三才❼乃理
赤鯉投符　風雲是使　拊琴幽巖　高棲❽遐峙

【章　旨】

本章寫好食蒼朮的涓子得鯉魚腹中神符因而成仙的故事。

【注釋】

❶餌朮　服食蒼朮。朮，草名。

❷接食　不斷地吃。接，連續不斷。

❸荷澤　地名。在今山東省境。也可解釋為蓮池。

❹符　祥瑞的徵兆。

❺淮南山安　應作「淮南王安」。淮南王劉安是漢高祖兒子劉長之子，名安，好黃老之學，曾招致賓客方術之士著成《淮南子》一書。

❻遐紀　高壽。

❼三才　《易》稱天、地、人為三才。

❽高棲　隱居。

【語 譯】

涓子，是齊國人。喜好服食蒼朮，不斷地吸食它的精華，過了三百年才在齊國露面。著有《天人經》四十八篇。後來在荷澤釣魚，得一條鯉魚，肚裡有神符。他隱居在宕山依符修煉，能呼風喚雨。又接受了老子九仙法。淮南王劉安得到一些九仙法的內容，可是不能理解其中的意旨。其中的〈琴心〉三篇特別有條理。

涓子服食蒼朮　　享受如此高壽
傳下了九仙法　　調理了天地人
赤鯉投下符瑞　　能夠呼風喚雨
撫琴幽靜山岩　　隱居高高峰巒

一二 呂尚

呂尚❶者，冀州❷人也。生而內智❸，預見存亡。避紂之亂，隱於遼東四十年。西適周，匿❹於南山❺，釣於磻溪❻，三年不獲魚。比閭❼皆曰：「可已矣。」尚曰：「非爾所及也。」已而❽，果得兵〈鈐〉❾於魚腹中。文王夢得聖人，聞尚，遂載而歸。至武王伐紂，嘗作陰謀❿百餘篇。服澤芝、地髓⓫，具二百年而告亡，有難⓬而不葬。後子伋葬之，無尸，唯有〈玉鈐〉六篇在棺中云。

呂尚隱釣　瑞得赬鱗⓭　通夢西伯　同乘入臣

沈謀籍世⓮　芝髓鍊身　遠代所稱　美哉天人⓯

【章　旨】

本章寫周朝開國元勳呂尚成仙的故事。

【注　釋】

❶呂尚　又稱姜尚、呂望、太公望，俗稱姜太公。本姓姜名尚，因他祖先曾封於呂（今河南南陽附近），所以又稱呂尚。周文王遇姜尚於渭水之陽，與語大悅，曰：「自吾先君曰：『當有聖人適周，周以興。』子真是邪？吾太公望子久矣。」所以給他起名叫太公望，與文王一同回朝，呂尚被立為師。

❷冀州　古九州之一。包括今山西全境、河北西北部、遼寧西部。

❸內智　內心聰明。內，指內心。

❹匿　隱藏起來，不露形跡。

❺南山　終南山。在今陝西西安南。

❻磻溪　在今寶雞市東南，源出南山，北流入渭水。一名璜河。傳說為太公望未遇文王時的垂釣之地。

❼比閭　周代地方組織形式。《周禮・地官・大司徒》云：「令五家為比，使之相保；五比為閭，使之相受。」這裡指鄉人。

❽已而　隨即。

❾兵鈐　兵書〈玉鈐〉篇的略稱。

❿陰謀　秘密計謀。《史記・齊太公世家》記載：「周西伯昌之脫羑里歸，與呂尚陰謀修德以傾商政。」

⓫澤芝地髓　荷花和地黃。澤芝，荷花的別名。地髓，藥草名，地黃的別名，玄參科，多年草本，根、根莖入藥，功能清熱生津。

⓬難　災難。

⓭赬鱗　紅色的魚。赬，紅色。

⓮籍世　救世。

⓯天人　有道之人。

【語譯】

呂尚，是冀州人。他天生聰明，能預見人事的吉凶命運。為了躲避殷紂亂世，隱居在遼東四十年。後來到西部邦國周，在終南山隱居，不露形跡，垂釣於磻溪之上，三年未釣到一條魚，鄉鄰都說：「算了吧！」呂尚說：「你們不懂。」不久果然釣到一條魚，魚腹中有兵書〈玉鈐〉篇。周文王做夢，夢見聖人，聽說呂尚這個人，就乘馬車把呂尚請了回來。到周武王討伐紂王時，呂尚曾撰寫陰謀百餘篇。因他服食荷花和地黃，活了二百歲才去世，可是遇上災難而沒有埋葬。後來他的兒子呂伋埋葬他時，棺柩中卻沒有屍體，只有〈玉鈐〉六篇。

呂尚隱居垂釣　紅魚肚藏符瑞
託夢西伯姬昌　君臣同載而歸
秘謀匡時救世　荷花滋養其身
後世代代稱頌　光榮有道之人

一三 嘯父

嘯父者，冀州人也。少在西周市上補履，數十年人不知也。後奇其不老，好事者造❶求其術，不能得也。唯梁母❷得其作火法❸。臨上三亮，上與梁母別，列數十火而昇西❹。邑多奉祀之。

嘯父駐形❺　年衰不邁　梁母遇之❻　歷虛啟會❼
丹火翼輝　紫煙成蓋　眇企昇雲　抑絕華泰❽

【章旨】

本章寫補鞋匠嘯父煉丹修道昇仙的故事。

【注釋】

❶造　去。

❷梁母　姓梁的老婦人。

❸作火法　神仙家的一種修煉方術。

❹列數十火而昇西　這是描述「火中昇遐」的場面。道教認為有道之士可以借烈火煙焰，冉冉凌虛昇仙而去。

❺駐形　保住容顏不使衰老。駐，止住。

❻遇之　得到他賞識。之，指嘯父。

❼啟會　啟發。

❽抑絕華泰　無比光輝偉大。華，光彩；光輝。泰，大中之大。

【語譯】

嘯父，是冀州人。年輕時在西周集市上替人補鞋，數十年不被人注意。後來人們對他不變老感到驚奇，好事的人就去訪求他的不老秘訣，卻得不到。只有一位姓梁的老婦人學到他的作火仙術。他將昇天時發出三次亮光，飛上空中與梁母告別，排列燃燒了數十處烈火，於是昇仙去了。鄉邑的人都會祭祀他。

嘯父容顏永駐　年長不見衰老
梁母得他賞識　受到暗中啟迪
烈火熠熠生輝　紫煙飄如車蓋
飄渺昇天入雲　無比光輝偉大

一四　師門

師門者，嘯父弟子也。亦能使火。食桃李葩❶。為夏孔甲❷龍師❸，孔甲不能順其意，殺而埋之外野。一旦風雨迎之，訖❹則山木皆焚，孔甲祠而禱之，還而道死❺。

師門使火　赫炎其勢　乃豢虯龍❻　潛靈隱惠
夏王虐之❼　神存質斃　風雨既降　肅爾❽高逝

【章旨】

本章寫嘯父弟子師門，因被夏王孔甲殺害，使上天震怒，斃孔甲而迎師門昇仙的故事。

【注釋】

❶葩　花。

❷孔甲　夏代帝王名，禹後十四世。為無道之君。《史記‧夏本紀》記載：「帝孔甲立，好方鬼神，事淫亂。夏后氏德衰，諸侯畔之。天降龍二，有雄雌，孔甲不能食，未得豢龍氏。」自孔甲至夏桀四世而亡國。

❸龍師　龍官。飼養龍的官。師，官長。

❹訖　到；終了。

❺還而道死　回去的路上死了。

❻豢虬龍　畜養虬龍。豢，飼養牲畜。虬龍，龍的一種。

❼虐之　殘害他。虐，殘暴。之，指師門。

❽肅爾　疾速。

【語 譯】

師門，是嘯父的弟子。也會作火仙術。他服食桃李花。曾擔任夏王孔甲的龍官。因孔甲與他意見不合，就把他殺掉，埋在野外。有一天，風雨來迎接他。那時，山上的樹木都焚燒起來。孔甲害怕極了，向他祭祀禱告，就在回去的路上死了。

師門能夠使火　火勢非同尋常
還飼養著虬龍　神德潛而不露
夏王殘暴害他　身死靈魂存在
風雨下來迎接　迅速高入雲天

一五 務光

務光者，夏時人也。耳長七寸，好琴，服蒲、韭根❶。殷湯將伐桀，因光而謀。光曰：「非吾事也。」湯曰：「孰❷可？」曰：「吾不知也。」湯曰：「伊尹何如？」曰：「強力忍詬❸，吾不知其他。」湯既克❹桀，以天下讓於光，曰：「智者謀之，武者遂之❺，仁者居之，古之道也。吾子胡不遂之？請相吾子。」光辭曰：「廢上，非義也；殺人，非仁也；人犯其難，我享其利，非廉也。吾聞非義不受其祿，無道之世不踐其位，況於尊我？我不忍久見也。」遂負石自沉于蓼水❻。已而自匿，後四百餘歲，至武丁❼時，復見。武丁欲以為相，不從。武丁以輿迎而從，逼不以禮，遂投浮梁山。

後遊尚父山。

務光自仁❽　服食養真　冥遊方外❾　獨步常均❿
武丁雖高　讓位不臣⓫　負石自沉　虛無⓬其身

【章旨】

本章寫輕視名位、人格高潔的隱士務光成仙的故事。

【注釋】

❶**服蒲韭根**　服食香蒲和韭根。香蒲，植物名，又叫甘蒲。叢生水邊，花粉名蒲黃，入藥，根、莖可吃。韭根，韭菜根，入藥。

❷**孰**　誰。

❸**強力忍詬** 有毅力能忍辱。

❹**克** 勝。

❺**遂之** 完成它。

❻**蓼水** 水名。在今河南省唐河縣南。

❼**武丁** 殷王名。盤庚弟小乙之子。殷自盤庚死後，國勢衰落。武丁即位，用傅說為相，勤於政事，國勢又趨強盛。在位五十九年，死後廟號高宗。

❽**自仁** 自己勉力行仁，潔身自好。

❾**方外** 世俗之外。

❿**常均** 平常。

⓫**不臣** 不以臣下之禮相待。

⓬**虛無** 神仙家修道的重要理論，遺形忘體，恬淡無為，謂之虛；損心棄意，廢偽去欲，謂之無。

【語譯】

務光，是夏朝人。耳朵長七寸，好彈琴，喜服食香蒲、韭根。商湯要征伐夏桀，找務光謀劃，務光說：「這不是我的事。」商湯說：「找誰可以呢？」務光說：「我不知道。」商湯說：「伊尹怎樣？」務光說：「有毅力，能忍辱，別的我就不知道了。」商湯打敗了夏桀，把天下讓給務光，說：「由有智慧的人來謀劃，由勇武的人來完成，由仁慈的人來就位，這是古來的道理。你為什麼不成全它？請您擔任國相。」務光推辭說：「廢除君上，不是義舉；殺害人民，不是仁行；人民冒險犯難，我坐享其利，不是廉潔。我聽說，不合乎道義的事，不接受它的利祿；無道之世，不當它的官。何況要尊崇我？我不忍心長久目覩。」於是背負石頭自沉在蓼水。接著自己隱匿起來，過了四百多年到殷王武丁時，又與武丁見面。武丁想讓他做國相，務光不答應。武丁帶著馬車去迎接他，要他答應。由於不以禮節強逼他，所以他就去到浮梁山，後來又遊歷尚父山。

務光潔身行仁　　服食仙藥養身

精神漫遊方外　獨步平常大道

武丁境界雖高　讓位傲世之士

高士負石自沉　生命達到虛無

一六　仇生

仇生者，不知何所人❶也。當殷湯時，為木正❷三十餘年，而更壯。皆知其奇人也，咸共師奉之。常食松脂❸。在尸鄉❹北山上，自作石室。至周武王幸❺其室，而祀之。

異哉仇生　靡究其向❻　治身事君　老而更壯
灼灼❼容顏　怡怡❽德量　武王祠之　北山之上

【章旨】

本章寫商湯的木正仇生服食松脂修煉成仙的故事。

【注釋】

❶何所人　哪個地方的人。

❷木正　傳說上古有木正、火正、金正、水正、土正，稱為五行之官，死後都成神。木正是春官。

❸松脂　松樹分泌的膠汁。也稱松膏、松肪、松膠、松香等。入藥。《本草經》說：「松脂，味苦溫，主疽、惡瘡、頭瘍、白禿、疥搔、風氣，安五藏，除熱，久服輕身不老延年。」

❹尸鄉　也稱西亳，商三亳之一。漢代班固說是殷商國都。地在今河南省偃師縣西。

❺幸　古代指帝王到達某地。這是美化帝王的詞語。

❻靡究其向　沒有人明白他的志向。靡，無。向，目標；歸依。

❼灼灼　鮮明、光盛的樣子。

❽怡怡　和悅喜樂的樣子。

【語　譯】

仇生，不知是哪裡人。在商湯時，擔任木正三十多年，身體越來越健壯。人們都知道他是奇人，一起像對老師那樣侍奉他。他經常服食松脂。在尸鄉的北山上，自己建了一所石室居住。周武王曾到石室中祭祀他。

仇生真是神異　無人識其志向
行道修身事君　年老身體更壯
容顏光彩照人　德性和悅喜樂
武王親身祭祀　來到北山之上

一七 彭祖

彭祖❶者，殷大夫也。姓籛名鏗，帝顓頊❷之孫，陸終氏之中子，歷夏至殷末八百餘歲。常食桂芝❸，善導引❹行氣。歷陽❺有彭祖仙室，前世禱請風雨莫不輒應。常有兩虎在祠左右，祠❻訖，地即有虎跡云。後昇仙而去。

遐哉碩仙　時惟彭祖　道與化❼新　綿綿歷古
隱倫❽玄室　靈著風雨　二虎嘯時　莫我猜侮❾

【章　旨】

本章寫彭祖長生昇仙的故事。

【注釋】

❶**彭祖** 傳說顓頊帝玄孫陸終氏的第三子，堯封之於彭城，因其道可祖，故謂之彭祖。事亦見於晉葛洪《神仙傳》、干寶《搜神記》。

❷**顓項** 古帝名，五帝之一。相傳是黃帝的孫子、昌意的兒子。生十年而佐少皞，十二年而冠，二十年而登帝位，在位七十八年而崩。號高陽氏。

❸**桂芝** 桂和芝都是芳草類植物。桂，可入藥，性溫，味辛甘，功能解表散寒，溫經通陽。芝，菌類植物，古人認為是仙草。

❹**導引** 導指導氣，引指引動身體，為古代一種以形體運動配合呼吸吐納的煉養方法，以達到強身健體、延年益壽的目的。

❺**歷陽** 山名，也名叫歷山，又名亭山。在安徽省和縣西北。

❻**祠** 動詞，祈禱。

❼**化** 造化；自然。

❽**隱倫** 通「隱淪」。隱居。

❾莫我猜侮　猶言「莫猜侮我」。

【語　譯】

彭祖，是殷朝大夫。姓籛名鏗，帝顓頊的孫子，陸終氏排行居中的兒子。經歷夏代到殷代，活了八百多歲。他常服食丹桂和芝草，擅長導引行氣。歷山有彭祖修仙的居室，從前人們在那裡祈求風雨，沒有不靈驗的。祈禱時常有兩隻虎伴隨左右，祈禱完畢，地面就出現虎的腳印。據說他後來昇仙去了。

高超的大仙人　彭祖當世無雙
道與自然常新　綿綿經歷久遠
隱居歷陽仙室　祈風求雨顯靈
屆時二虎咆嘯　別猜疑我胡說

一八 邛疏

邛疏者，周封史❶也。能行氣鍊形❷，煮石髓❸而服之，謂之石鍾乳，至數百年。往來入太室山❹中，有臥石牀枕焉。

八珍❺促壽　五石❻延生　邛疏得之　鍊髓餌精
人以百年　行邁❼身輕　寢息中嶽　遊步仙庭

【章旨】

本章寫邛疏行氣鍊形、服食藥石而成仙的故事。

【注釋】

❶封史　官名。掌守護帝王社壇及京畿疆界。

❷行氣鍊形　行氣和鍊形是神仙家修煉方術。行氣亦稱服氣、鍊氣，是一種以呼吸吐納為主，而往往與道引、按摩結合進行的修煉方法。神仙家以為人與物都稟一元之氣而生成長養，故最尊貴者莫過於人之氣，氣全則生存，去疾以安形，然後能延年益壽。鍊形，神仙家主張鍊養形神並重，長生之道無他，只不過神全氣全形全而已，至道真旨以凝性鍊形為上，重視肉體成仙不死。

❸石髓　石鐘乳，入藥。

❹太室山　即嵩山，在今河南省登封縣北。因山上有石室，故名太室。

❺八珍　古代八種烹飪法。後來泛指珍貴的食品。

❻五石　古代神仙家煉五石服食，謂可以延長生命。《抱朴子·金丹》說：「五石者，丹砂、雄黃、白礬、曾青、慈石也。」

❼行邁　大步行走。

【語 譯】

邛疏，是周朝的封史。能行氣鍊形，煮石髓服食，將它稱作石鐘乳，活了幾百年。來到太室山中，那裡有供他睡覺用的石床、石枕。

八珍使他長壽　五石令他延年
邛疏得到這些　煉石髓食精華
人活了幾百歲　仍然健步如飛
安寢中嶽嵩山　漫步神界仙庭

一九　介子推

介子推❶者，姓王名光，晉人也。隱而無名，悅趙成子，與遊。旦有黃雀在門上，晉公子重耳❷異之。與出居外十餘年，勞苦不辭。及還，介山❸伯子常晨來，呼推曰：「可去矣！」推辭母入山中，從伯子常遊。後文公遣數千人，以玉帛禮之❹。不出。後三十年，見東海邊，為王俗❺賣扇。後數十年，莫知所在。

王光沉默　享年遐久　出翼❻霸君　處契❼玄友

推祿讓勤　何求何取　遯影❽介山　浪迹海右❾

【章　旨】

本章寫晉文公的功臣介子推不求利祿、隱遁修仙的故事。

【注　釋】

❶**介子推**　也稱介之推、介子、介推、介子綏。春秋晉國人。曾隨晉公子重耳流亡國外十幾年，後來重耳回國即位，賞賜流亡時的從屬人員，介子推沒有被提名，就和母親一塊隱居在綿山中。事見《史記・晉世家》。

❷**重耳**　春秋五霸之一晉文公的名字。

❸**介山**　山名。在山西省介休縣東南，古名綿上。介子推隱居此山，因而得名。又名綿山。

❹**禮之**　以禮相待；對他表示敬意。

❺**王俗**　人名。

❻翼　輔佐。
❼處契　相處融洽。
❽遯影　隱居。
❾海右　海邊。

【語譯】

介子推，姓王名光，是晉國人。他隱居埋名。與趙成子友好，一起遊歷各地。一天早晨有黃雀落在門上，晉公子重耳感到奇怪。原來介子推與公子重耳流亡國外十餘年，不辭辛苦。等回國後，介山伯子常早晨來喚介子推說：「可以走了！」介子推和母親進入介山中，跟從伯子常遊歷。後來晉文公派幾千人帶著玉帛禮品向他表示敬意，他始終不肯出來。又過三十年，有人見他在東海邊為王俗賣扇子。幾十年後，再沒有人知道他的下落。

王光隱居埋名　　享年極其長久

65 推子介

出山輔佐霸主　隱居契合玄友
推辭利祿禮遇　無所求無所取
隱遯介山當中　浪跡東海之濱

二〇 馬丹

馬丹者，晉耿❶之人也。當文侯❷時，為大夫；至獻公❸時復為幕府正。獻公滅耿，殺恭太子❹，丹乃去。至趙宣子❺時，乘安車❻入晉都，候諸大夫。靈公❼欲仕之，逼不以禮。有迅風發屋，丹入迴風❽中而去。北方人尊而祠之。

馬丹官晉　與時汙隆❾　事文去獻　顯沒不窮❿
密網將設　從禮迅風　杳然⓫獨上　絕跡玄宮⓬

【章　旨】

本章寫晉國大夫馬丹辭官乘風昇仙的故事。

【注　釋】

❶耿　春秋小國，為晉所滅，地在今山西省河津縣南汾水南岸。

❷文侯　春秋晉國第十代君主，晉穆侯太子，名仇，襲殺其叔父殤叔而立為君，在位三十五年。

❸獻公　春秋晉君，晉武公之子，名詭諸。獻公十六年（西元前六六一年）派兵滅耿。

❹恭太子　即獻公太子申生。申生本是獻公所立太子，後來獻公伐驪戎，得驪姬，寵幸她，生下一子名叫奚齊。二人想廢太子申生，改立奚齊為太子。驪姬設計害死了申生。

❺趙宣子　即晉國執政大臣趙盾。

❻安車　用一馬拉可以坐乘的小車。古車立乘，此為坐乘，故稱為安車。高官告老或徵召有名望的人，往往賜乘安車。

❼靈公　晉襄公之子，名夷皋。趙盾等人擁立他為君。靈公奢侈殘暴，趙盾勸諫不聽，又想殺趙盾未遂，後被趙盾昆弟趙穿襲殺。

❽迴風　旋風。

❾汙隆　指時世風俗的盛衰。

⑩窮　困厄。
⑪杳然　高遠的樣子。
⑫玄宮　神仙的宮室。

【語譯】

馬丹，是晉國耿人。在晉文侯時，任大夫；到獻公時，又任幕府長官。獻公派兵滅耿國，殺太子申生，馬丹辭官離去。到趙盾執政時，他乘坐安車進入晉國都城，和諸位大夫見面。晉靈公想請他做官，卻不以禮節相逼，頓時使急風從屋裡刮起，馬丹因而進入旋風中飄走。北方人都尊崇他並奉祀他。

馬丹在晉當官　與世盛衰進退
事文侯去獻公　窮達同樣從容
密網將要張開　遵從禮節乘風
高遠獨自飄去　絕塵神宮仙境

二一　平常生

穀城鄉平常生者，不知何所人也。數死復生，時人以為不然。後大水出，所害非一。而平輒在缺門山頭，大呼言：「平常生在此！」云復水雨❶五日必止。止則上山求祠之，但見平衣帔❷革帶。後數十年，復為華陰❸門卒。

穀城妙匹　譎❹達奇逸　出生入死　不恆其質
玄化忘形　貴賤奚恤❺　暫降塵汙❻　終騰雲室

【章　旨】

本章寫能死而復生的平常生喝停大雨拯救百姓的神異故事。

【注釋】

❶水雨　下雨。水，這裡用如動詞。

❷衣帔　衣裙。帔，裙。古人上身著衣，下身著裙。

❸華陰　縣名，在陝西省。本春秋時晉地，戰國時魏地，魏納之於秦，秦惠文王改名叫寧秦。漢高祖八年改曰華陰。因在太華山北，故名。

❹譎　怪異；出乎尋常。

❺恤　顧惜。

❻塵汙　塵俗。

【語譯】

穀城鄉平常生，不清楚是哪裡人。好幾次都死而復生，當時人們不敢相信。後來洪水肆虐，傷害了許多人和物，而平常生總是在缺門山頭大聲呼叫：「平常生在此！」並說雨再下五天就會停止。雨停了，人們就上山向他祈禱，只見到平常生的衣裙皮帶。幾十年後，他又做了華陰縣的守門士卒。

平常生真玄妙　怪異而又奇逸
能夠出生入死　不以身體為累
隨意變幻忘形　貴賤毫不顧惜
暫時降生塵俗　終於騰躍雲天

二二 陸通

陸通者，云楚狂接輿❶也。好養生，食橐盧❷、木實❸及蕪菁子❹。遊諸名山，在蜀❺峨嵋山❻上，世世見之，歷數百年去。

接輿樂道　養性潛輝　見諷尼父❼　諭以鳳衰
納氣❽以和　存心❾以微　高步靈嶽❿　長嘯峨嵋

【章旨】

本章寫楚國狂士接輿養生修道成仙的故事。

【注釋】

❶**楚狂接輿**　春秋楚國人，姓陸名通。楚昭王時政令無常，就披髮佯狂不仕，時人謂之楚狂。他曾勸孔子放棄推行儒家政治主張的努力。《論語・微子》記載：「楚狂接輿歌而過而遇孔子曰：『鳳兮！鳳兮！何德之衰？往者不可諫，來者猶可追。已而，已而！今之從政者殆爾！』孔子下，欲與之言。趨而避之，不得與之言。」

❷**橐盧**　中草藥名。

❸**木實**　樹木果實。

❹**蕪菁子**　蔬菜名。又名蔓菁，俗稱大頭菜。根塊肉質，可供蔬食。

❺**蜀**　地名。夏商為古蜀國，秦滅之，置蜀郡。漢因之，屬益州。自後以蜀為四川地域的別稱。

❻**峨嵋山**　山名。在四川省峨眉縣西南。山勢雄偉，有山峰相對如同蛾眉，故名。

❼**見諷尼父**　諷喻孔子。

❽**納氣**　服氣。神仙家內煉方術。服內外氣以養生，以控制呼吸、少出多入為要。

❾**存心**　存思；存想。內煉方術，存思時，皆閉目內視，人體多神，必以五臟為主；存思可集

中精神，消除雜念，甚至達到治病的效果。

❿**靈嶽** 神靈的山嶽。

【語譯】

陸通，據說就是楚國的狂士接輿。喜歡養生，服食橐盧、果實以及蕪菁子。常遊歷名山，世世代代都有人在蜀地峨嵋山見到他，經幾百年才離去。

接輿樂於道術　養生不露形跡
諷勸孔子勿仕　說他境界不高
服氣講究和諧　存思守一為要
邁步高昇靈山　長嘯峨嵋之巔

二三　葛由

葛由者，羌❶人也。周成王❷時，好刻木羊賣之。一旦，騎羊而入西蜀。蜀中王侯貴人追之，上綏山❸。綏山在峨眉山西南，高無極也。隨之者不復還，皆得仙道❹。故里諺曰：「得綏山一桃，雖不得仙，亦足以豪。」山下立祠數十處云。

木可為羊　羊亦可靈　靈在葛由　一致無經❺

爰陟❻崇綏　舒翼揚聲❼　知術者仙　得桃者榮

【章旨】

本章寫羌族手工藝人葛由騎木羊成仙的故事。

【注　釋】

❶羌　我國古代西部民族之一。最早見於甲骨卜辭。從夏商時起，分布於今青海、甘肅、四川西部到雲南北部、西藏北部廣大地區。周時部分進居中原與華夏等族雜居。今分布四川的羌族是古羌人的後裔。漢代的發羌與今藏族有淵源關係。

❷周成王　周朝第二代君，周武王之子，名叫誦。

❸綏山　山名。即中峨山，又名覆蓬山。在四川省峨眉縣西南。

❹仙道　修道成仙的道術。

❺無經　無路可行。指葛由道術神妙，世人無法學到。

❻爰陟　登。爰，語助詞。陟，登。

❼揚聲　高聲。

【語 譯】

葛由，是羌族人。在周成王時，好雕刻木羊出售。有一天騎木羊去西蜀。蜀地的王侯貴人追隨他上了綏山。綏山在峨嵋山西南，高峻無極。追隨他的人沒有回來，都成了仙。因此鄉里流傳諺語說：「得綏山一桃，雖不能成仙，但也足以感到榮耀。」綏山下有奉祀他的地方數十處。

木頭可以刻羊　　羊亦神氣活現
神奇都因葛由　　世人無從尋求
登上崇高綏山　　舒暢呼嘯成仙
知道術的成仙　　得一桃也榮耀

二四　江妃二女

江妃二女者，不知何所人也。出遊於江漢之湄❶，逢鄭交甫❷。見而悅之，不知其神人也，謂其僕曰：「我欲下請其佩❸。」僕曰：「此間之人，皆習於辭❹，不得，恐罹悔❺焉。」交甫不聽，遂下與之言曰：「二女勞❻矣！」二女曰：「客子❼有勞。妾❽何勞之有？」交甫曰：「橘是柚❾也，我盛之以笥❿，令附漢水，將流而下。我遵其傍，採其芝而茹⓫之，以知吾為不遜⓬也。願請子之佩！」二女曰：「橘是柚也，我盛之以筥⓭，令附漢水，將流而下。我遵其傍，採其芝而如⓮之。」遂手解佩與交甫。交甫悅受，而懷之中當心。趨⓯去數十步，視佩空懷無佩，顧二女，忽然不見。

靈妃豔逸　時見江湄　麗服微步　流盼⑯生姿

交甫遇之　憑情言私　鳴珮虛擲　絕影焉追

【章　旨】

本章寫漢水之濱二位仙女與鄭交甫互相表達愛慕之情的故事。這就是「漢皋解佩」典故的來歷。

【注　釋】

❶湄　河岸；水濱。

❷鄭交甫　神話傳說中人物。

❸佩　古代衣帶上佩帶的玉飾。

❹辭　推辭；謝絕。

❺罹悔　受過。罹，遭受。悔，過失。

❻勞　辛苦。

❼客子　旅居異地的人。

❽妾　謙詞。舊時女人的自稱。

❾橘是柚　橘子和柚子都是果實，味酸甜，柚子比橘子大一些。二者品種不同，但又有相似處。

❿笥　盛飯或衣物的方形竹器。

⓫茹　吃。

⓬不遜　不謙讓恭順。

⓭筥　圓形竹器。

⓮如　通「茹」。

⓯趨　碎步快走。

⓰流盼　轉目斜視。

【語譯】

江妃二女，不知是哪裡人。外出到漢水之濱遊玩，與鄭交甫相逢。鄭交甫看見就喜歡上了她們。鄭交甫不知道她們是神仙，對他的僕人說：「我想下去請她們把玉佩送給我。」僕人說：「這裡人都習慣於推辭，算了吧，免得自討沒趣。」鄭交甫不聽，就下去對她們說：「二位小姐辛苦了！」二女說：「您才辛苦呢。妾有什麼辛苦的呀！」鄭交甫說：「橘子和柚子很相似，我把它盛在筒中，放在漢水上，順流而下。我沿著江岸，採到芝草就吃掉，由此您們便知道我不是謙遜之人。心裡很想請您們把玉佩送給我。」二女說：「橘子和柚子差不離兒，我們把它盛在筥裡，放在漢水上，順流而下。我們沿著江岸，採靈芝草來吃掉。」於是動手解下玉佩贈給鄭交甫。鄭交甫高興地接受了，揣進懷裡貼著心坎。快步走了幾十步，看了一下玉佩，懷中空空如也，玉佩不見了，回頭再看那二位女子，也忽然消失了。

神女美麗灑脫　時在江邊現身
穿彩衣走碎步　俯仰顧盼生姿

交甫遇見她們　任情表達愛意
叮噹玉佩虛擲　隱形哪裡去追

二五　范蠡

范蠡❶，字少伯，徐人❷也。事周師太公望，好服桂飲水，為越大夫，佐句踐破吳。後乘輕舟入海，變名姓，適齊為鴟夷子。更後百餘年，見於陶❸，為陶朱君。財累億萬，號陶朱公❹。後棄之，蘭陵❺賣藥。後人世世識見之。

范蠡御桂　心虛志遠　受業師望❻　載潛載惋
龍見越鄉　功遂身返　屣脫千金　與道舒卷

【章旨】

本章寫陶朱公范蠡功成身退、富而得道成仙的故事。

【注釋】

❶范蠡　春秋楚國宛（今河南南陽）人，字少伯。曾輔佐句踐刻苦圖強，終於滅亡吳國。因句踐與人可以同患難，不能共安樂，離開吳國到了齊國，改名叫鴟夷子皮。到陶稱朱公，經商致富，十九年中，治產三致千金，一再分給貧賤之交與疏遠的兄弟。事見《史記・越王句踐世家》和《史記・貨殖列傳》。

❷徐人　此言范蠡是春秋徐國人，不知何據，與《史記》記載不相符。

❸陶　地名。在今山東省定陶縣境。

❹陶朱公　指范蠡。後世「陶朱公」成為富人的代名詞，商人奉陶朱公為鼻祖。

❺蘭陵　地名。戰國楚邑。故地在今山東省蒼山縣西南。

❻師望　即呂尚。

【語譯】

范蠡，字少伯，是徐國人。師事姜太公學習道術，喜好服食月桂和飲水，擔任越國大夫，輔佐句踐攻破吳國。後來乘輕舟入海，改變姓名，到齊國更名為鴟夷子皮。又過百餘年，來到定陶，名叫陶朱君。經商致富，財富積蓄多達億萬，尊號稱陶朱公。後來散掉財富，在蘭陵賣藥。後世常有人看見他。

范蠡服食月桂　胸襟寬志向遠
受業於太公望　隱名憐惜世艱
越國顯露龍形　能夠功成身退
棄千金如敝屣　隨道舒卷逍遙

二六　琴高

琴高者，趙人也。以鼓琴為宋康王舍人❶，行涓、彭❷之術，浮游冀州、涿郡之間二百餘年。後辭，入涿水中取龍子，與諸弟子期❸曰：「皆潔齋❹，待於水傍，設祠❺。」果乘赤鯉來，出坐祠中。旦有萬人觀之。留一月餘，復入水去。

琴高晏晏❻　司樂宋宮　離世孤逸　浮沉涿中
出躍頳鱗❼　入藻清沖　是任水解❽　其樂無窮

【章　旨】

本章寫琴高水解成仙的故事。

【注釋】

❶舍人　官名。掌宮中之政。

❷涓彭　涓子和彭祖。事見前文。涓子和彭祖都是修煉長生成仙的有道之士。

❸期　約定。

❹潔齋　古人在祭祀前整潔身心，以表示虔誠。

❺設祠　設立廟堂。

❻晏晏　溫和；柔順。

❼赬鱗　紅色的魚。

❽水解　屍解的一種。神仙家以修仙者死而脫屍體，叫做屍解。又比喻為蟬脫殼，謂之「蟬蛻」。意即將登仙遺其形骸，假託為屍以解化而仙去。屍解有多種，化為劍者稱劍解，化為杖者稱杖解，火炭燒死者稱火解，溺死於水中者稱水解，尚有化為其他物品者，這些都叫屍解。

【語　譯】

琴高，是趙國人。因彈琴技藝高超，擔任宋康王宮中掌管音樂的官職。他修煉涓子和彭祖的長生之道，漂遊在冀州、涿郡之間二百多年。後來離去，潛入涿水採取龍子，與他的弟子們約定，說：「你們都齋戒，在涿水邊等待，並設立祠堂。」琴高果然乘紅鯉魚出來，坐在祠堂中。這天有上萬人觀看。他停留一個多月，又進入水中離去了。

琴高安詳柔和　　宋宮執掌音樂
棄世獨自遁去　　浮游涿水之中
乘著赤鯉躍出　　浸身在清水裡
水解成仙而去　　真是其樂無窮

二七　寇先

寇先者，宋人也。以釣魚為業，居睢水❶旁百餘年，得魚或放、或賣、或自食之。常著冠帶❷，好種荔枝，食其葩實焉。宋景公問其道，不告，即殺之。數十年，踞❸宋城門鼓琴，數十日乃去。宋人家家奉祀焉。

寇先惜道　術不虛傳　景公戮之　尸解神遷
歷載五十　撫琴來旋❹　夷俟❺宋門　暢意❻五絃

【章旨】

本章寫寇先愛惜道術，被宋景公殺害，屍解成仙的故事。

【注釋】

❶睢水 古水名。又名睢河。為古蒗蕩渠的支津。

❷冠帶 帽子和腰帶。

❸踞 蹲或坐。

❹旋 返還;歸來。

❺夷俟 伸腿箕踞而坐。

❻暢意 盡情。

【語譯】

寇先,是宋國人。以釣魚為生,居住在睢水岸邊一百餘年,釣到的魚或放牠們回河裡,或者賣掉,或者自己吃掉。常戴帽束帶,喜好種植荔枝,吃它的花和果子。宋景公向他求教修道的方法，他不說，宋景公就把他殺死了。幾十年後，他坐在宋國城門上彈琴，幾十天才離去。宋國人家家戶戶都尊奉他、祭祀他。

寇先愛惜道術　道術絕不虛傳
宋景公殺害他　他屍解成了仙
經歷了五十載　彈著琴轉回來
伸腿坐在宋門　盡情彈奏琴弦

二八　王子喬

王子喬者，周靈王太子晉也。好吹笙作鳳凰鳴，遊伊洛❶之間。道士浮丘公❷接以上嵩高山三十餘年。後求之於山上，見柏良曰：「告我家，七月七日待我於緱氏山❸巔。」至時，果乘白鶴駐山頭。望之不得到，舉手謝時人，數日而去。亦立祠於緱氏山下，及嵩高首焉。

妙哉王子　神遊氣爽　笙歌伊洛　擬音鳳響❹
浮丘感應　接手❺俱上　揮策❻青崖　假翰❼獨往

【章旨】

本章寫王子喬乘白鶴昇仙的故事。

【注釋】

❶**伊洛**　伊水和洛水。二水都在河南省北部。
❷**浮丘公**　仙人名。
❸**緱氏山**　山名。又名緱嶺，在河南省偃師縣。
❹**擬音鳳響**　摹擬鳳凰的聲音。
❺**接手**　手拉手。
❻**策**　杖。
❼**翰**　鳥羽。

【語譯】

王子喬，是周靈王太子，名叫晉。喜歡吹笙，學鳳凰鳴叫，在伊水、洛水一帶遊歷，道士浮丘公把他接上嵩山三十多年。後來有人到山上尋找他，他出來對柏良說：「告訴我家人：七月七日在緱氏山頂等我。」屆時果然乘白鶴停在山頭，卻可望而不可及。他舉手向在場的人告別，幾天後離去。大家也在緱氏山下和嵩山頂為他設立祠堂。

王子喬真神妙　神氣逍遙清爽
笙歌於伊洛間　摹仿鳳凰鳴喝
浮丘公被感動　手拉手上嵩山
揮杖直上青崖　乘鶴獨自昇天

二九 幼伯子

幼伯子者，周蘇氏客❶也。冬常著單衣，盛暑著襦袴❷，形貌歲異，後數十年更壯。時人莫知。世世來誡祐❸，蘇氏子孫得其福力也。

周客戢容❹ 泯迹泥盤❺ 夏服重纊❻ 冬振輕紈❼

作不背本 義不獨安 乃眷❽周氏 祐其艱難

【章旨】

本章寫仙人幼伯子忠於主人的故事。

【注　釋】

❶客　依附寄食於貴族豪門的人。
❷襦袴　短襖和套褲。
❸祐　指神明的祐助。
❹戢容　保住容顏不老。
❺泥盤　比喻塵世。
❻重纊　厚衣服。
❼輕紈　薄衣服。
❽眷　眷顧；祐助。

【語　譯】

幼伯子，是周蘇氏的門客。冬天穿單衣，炎夏卻穿短襖和套褲，容貌年年不同，幾十年後更加健壯。當時的人們不瞭解他。他世代真誠地來規勸祐助，使蘇家的子孫後代都得了他的福祐。

周家門客不老　混跡塵世之中
夏天穿著厚衣　冬天卻著輕裝
做事不肯忘本　行義不求自安
眷顧祐助周家　幫他度過艱難

三〇 安期先生

安期先生者，琅琊❶阜鄉人也。賣藥於東海邊，時人皆言千歲翁。秦始皇東遊，請見與語三日三夜，賜金璧度數千萬。出於阜鄉亭，皆置去，留書以❷赤玉舄❸一雙為報，曰：「後數年，求我於蓬萊山❹。」始皇即遣使者徐市❺、盧生❻等數百人入海，未至蓬萊山，輒逢風波而還。立祠阜鄉亭，海邊十數處云。

寥寥❼安期　虛質高清　乘光❽適性　保氣延生
聊悟秦始　遺寶阜亭　將遊蓬萊　絕影清泠❾

【章　旨】

本章寫仙人安期先生與秦始皇會見的神異故事。

【注　釋】

❶**琅琊**　也作「琅玡」。地名，在今山東省境內。

❷**以**　連詞，和。

❸**赤玉舄**　又名皁鄉舄，一種仙人的鞋。

❹**蓬萊山**　古代方士傳說是仙人居住的地方。

❺**徐市**　即徐福，秦朝方士，齊人，上書秦始皇，說海中有三神山——蓬萊、方丈、瀛洲，乃仙人所居。於是秦始皇派徐市，發童男童女數仟人，入海求仙。

❻**盧生**　秦朝方士。

❼寥寥　高遠空闊。
❽乘光　順其自然。
❾清泠　水名，在西鄂山上，傳說中神仙居住的地方。

【語　譯】

安期先生，是瑯琊阜鄉人。在東海邊賣藥，當時人都叫他「千歲翁」。秦始皇到東方巡視，請安期先生朝見，聚談了三天三夜，賞賜他金璧幾千萬。安期先生從阜鄉亭出來，把賞賜的東西全拋棄了，留書信一封，並且回贈赤玉舄一雙作為報答，說：「數年以後求我於蓬萊山。」秦始皇隨即派使者徐市、盧生等數百人入海，還沒到達蓬萊山，總是遇風浪而返航。於是在海邊設了阜鄉亭祠堂幾十處。

安期高遠深奧　精神清高虛靜
順從性情自然　保住精氣長生
啟悟秦始皇帝　拋棄賞賜不取
將要遊歷蓬萊　投身清泠仙淵

三一 桂父

桂父者，象林❶人也。色黑而時白、時黃、時赤。南海❷人見而尊事之。常服桂及葵，以龜腦和之，千丸十斤桂。累世見之。今荊州之南，尚有桂丸焉。

偉哉桂父　挺直遐畿❸　靈葵內潤　丹桂外綏❹
怡怡❺柔顏　代代同輝　道播東南　奕世❻莫違

【章旨】

本章寫桂父調製、服食丹藥而成仙的故事。

【注　釋】

❶象林　古地名，在今廣西境內。
❷南海　泛指我國南方。
❸遐纖　長生。
❹綏　安撫。
❺怡怡　和順的樣子。
❻奕世　累世；一代接一代。

【語　譯】

桂父，是象林人。顏色黝黑，後來變白，後又變黃，後又變紅。南方人見到他，尊敬並侍奉他。他常服食用丹桂、葵籽、龜腦調和製成的藥丸，千枚藥丸配以十斤丹桂。幾代人都見到他。現在荊州以南還有桂丸這種藥。

桂父真偉大啊　身體挺拔長生
靈葵滋潤五臟　丹桂怡養肌膚
顏色和順喜悅　代代神采奕奕
道術傳播東南　世世無人違背

三二　瑕丘仲

瑕丘仲者，甯❶人也。賣藥於甯百餘年，人以為壽矣。地動舍壞，仲及里中數十家屋臨水皆敗。仲死，民人取仲尸棄水中，收其藥賣之。仲披裘❷而從，詣之取藥。棄仲者懼，叩頭求哀。仲曰：「恨汝使人知我耳，吾去矣！」後為夫餘❸胡❹王，驛使❺復來至甯。北方謂之謫仙人❻焉。

瑕丘通玄　謫脫其跡　人死亦死　泛焉❼言惜

遨步觀化　豈勞胡驛❽　苟不覯本❾　誰知其謫

【章　旨】

本章寫謫仙人瑕丘仲死而復生的神異故事。

【注　釋】

❶甯　地名，漢寧縣，後漢叫甯。

❷裘　皮衣。

❸夫餘　也作「扶餘」。古國名。位於松花江流域。

❹胡　我國古代對北方邊地及西域的民族的泛稱，後世也泛指所有外國。

❺驛使　驛站傳送文書的人。

❻謫仙人　謫居世間的仙人。

❼泛焉　一般地；不痛切地責難。

❽胡驛　胡人驛使。
❾本　本來；原來。

【語　譯】

瑕丘仲，是甯人。在甯賣藥百餘年。人們認為他很長壽。有一天發生地震，房舍倒塌，瑕丘仲和鄰里幾十家的房子因臨水，都倒塌了。瑕丘仲因而死去，人們便取出他的屍體，拋入河水中，把他的藥收起來去出售。瑕丘仲披著皮衣跟隨他們，到他們那裡把藥取回。拋棄他屍體的人嚇壞了，磕頭哀求。瑕丘仲說：「遺憾你們使大家看出我的真面目，我走了。」後來做了夫餘民族的君王。在那裡的驛站送文書的人後來又來過甯這地方。北方人稱瑕丘仲是謫居世上的仙人。

瑕丘神通玄妙　謫世變幻形跡
人死他也死去　泛言他的遺憾
遨遊觀察變化　何須勞駕胡驛
若不了解過去　誰知他是謫仙

三三 酒客

酒客者，梁❶市上酒家人也。作酒常美而售，日得萬錢。有過❷而逐之。主人酒常酢敗❸窮貧。梁市中賈人❹多以女妻❺而迎之，或去，或來。後百餘歲，來為梁丞❻，使民益種芋菜❼，曰：「三年當大飢。」卒如其言。梁民不死。五年解印綬❽去，莫知其終焉。

酒客蕭綷❾　寄沽❿梁肆　何以標異　醇醴殊味

屈身佐時　民用不匱　解紱⓫晨征　莫知所萃⓬

【章旨】

本章寫善於釀酒的仙人造福人民的故事。

【注釋】

❶梁 地名，漢梁縣，春秋時周小邑，後屬楚，漢置縣，故城在今河南省臨汝縣東。
❷過 過錯。
❸酢敗 酒味酸壞。
❹賈人 商人。
❺妻 把女兒嫁給人。
❻丞 官名，中央或地方的助理官。
❼芋菜 植物名，又名蹲鴟，俗稱芋奶、芋艿、芋頭、芋魁，可吃。
❽印綬 官印。綬，繫印的絲帶。
❾蕭綷 萎靡；憔悴。
❿沽 賣酒。
⓫紱 繫官印的絲帶，也代指官印。
⓬萃 棲止；停止。

【語譯】

酒客，是梁縣集市上酒店的佣人。釀出的酒經常味道甘美，非常暢銷，每天的收入多至萬錢。有一天，他犯了過錯，被主人趕走。主人的酒因而總是酸壞，以致也變貧窮了。當時梁縣集市上的商人中有很多人都願把女兒嫁他而歡迎他，有往有來。一百餘年後卻回來做了梁縣的助理官，他讓人民多種芋頭，說：「第三年將有大饑荒。」果然他言中了。梁縣人民沒有餓死的。到第五年他解下官印離去，沒有人知道他去哪裡了。

酒客生活無著　梁縣酒店賣酒
如何與眾不同　釀酒味道特美
屈身匡救時艱　人民不受飢寒
解印早起遠行　無人知其所終

三四　任光

任光者，上蔡❶人也。善餌❷丹，賣於都市里間。積八十九年，乃知是故時任光也，皆說如數十歲面顏。後長老識之。趙簡子❸聘與俱歸，常在柏梯山上，三世不知所在。晉人常服其丹也。

上蔡任光　能鍊神丹　年涉期頤❹　曄❺爾朱顏

頃適趙子　縱任所安　升軌柏梯　高飛雲端

【章旨】

本章寫任光服食神丹昇仙的故事。

【注　釋】

❶**上蔡**　地名，在河南省，周為蔡國，周武王封其弟叔度於此地。漢代置縣，屬汝南郡，因沛都有下蔡，故叫做上蔡。

❷**餌**　服食。

❸**趙簡子**　春秋晉國執政大夫，名叫趙鞅。

❹**期頤**　百年。

❺**曄**　光輝燦爛。

【語　譯】

任光，是上蔡人。擅長煉製丹藥，在都市鄉里裡賣丹藥。過了八十九年，人們才知道他就是從前的任光，都說面容像幾十歲的人。後來老年人都能認出他。趙簡子請他一起回去，經常在柏梯山上，三代人都不知道他在哪兒。晉國人常服食他的丹藥。

上蔡仙人任光　能夠燒煉神丹
年紀活上百歲　面容紅潤有光
不久巧遇趙鞅　和他隨遇而安
登上了柏梯山　高飛到白雲端

三五　蕭史

蕭史者，秦穆公❶時人也。善吹簫，能致孔雀白鶴於庭。穆公有女，字弄玉，好之。公遂以女妻焉。日教弄玉作鳳鳴，居數年，吹似鳳聲，鳳凰來止❷其屋。公為作鳳臺，夫婦止❸其上，不下數年。一旦，皆隨鳳凰飛去。故秦人為作鳳女祠於雍宮中，時有簫聲而已。

蕭史妙吹　鳳雀舞庭　嬴氏好合❹　乃習鳳聲
遂攀鳳翼　參翥❺高冥　女祠寄想　遺音載清

【章旨】

本章寫善吹簫的仙人蕭史夫婦共乘鳳凰飛昇的故事。

【注釋】

❶秦穆公　春秋五霸之一，嬴姓，名任好，治國有方，禮賢下士。
❷止　到。
❸止　居住。
❹好合　美滿的配偶。
❺翥　飛舉。

【語譯】

蕭史，是秦穆公時人。善於吹簫，能招來孔雀白鶴到庭院中。穆公有個女兒，名字叫弄玉，喜歡蕭史。穆公就把女兒嫁給了他。他天天教弄玉吹簫，摹擬鳳凰的鳴叫，經過幾年時間，弄玉吹得很像鳳凰的聲音。於是鳳凰飛來停在房屋上。穆公為此修建了鳳臺。蕭史和弄玉夫妻便居住在臺上，幾年沒有下來。一天，夫婦二人都隨鳳凰飛走了。因此，秦國人修造鳳女祠於雍宮中，時常有簫聲從那兒傳出。

蕭史吹簫神妙　鳳凰飛舞庭中
嬴女是好配偶　學習鳳凰啼鳴
於是乘坐鳳凰　高舉九天冥極
女祠寄託懷念　遺留鳳鳴清亮

三六　祝雞翁

祝雞翁者，洛❶人也。居尸鄉❷北山下，養雞百餘年。雞有千餘頭，皆立名字，暮棲樹上，晝放散之，欲引呼名，即依呼而至。賣雞及子❸，得千餘萬。輒置錢去之吳，作養魚池。後升吳山❹，白鶴孔雀數百，常止其傍云。

人禽雖殊　道固相關　祝翁傍通　牧雞寄驩❺

育鱗道洽　棲雞樹端　物之致化　施而不刊❻

【章旨】

本章寫仙人祝雞翁和動物融洽相處的故事。

【注釋】

❶洛　洛陽的簡稱。
❷尸鄉　地名，在今河南省偃師縣西。
❸子　這裡指卵、蛋。
❹吳山　山名，在浙江省杭州市西湖東南，春秋時為吳南界，故名。
❺驩　歡樂；歡心。
❻不刊　不殘害。刊，削除磨滅。

【語譯】

祝雞翁，是洛陽人。住在尸鄉北山下，養雞一百多年。有一千多隻雞，都起了名字，晚上都臥在樹上，白天把牠們放開，想叫回時就呼喚名字，雞聽見叫聲就來到跟前。他賣雞和蛋，換得一千多萬錢，全部拋棄掉，去到吳國，修建養魚池。後來登上吳山，有白鶴孔雀幾百隻常停在他身旁。

人禽雖然殊類　道理原本相關
祝翁觸類旁通　養雞樂在其中
養魚十分內行　讓雞住在樹端
感化世間萬物　施與而不傷殘

三七　朱仲

朱仲者，會稽❶人也，常於會稽市上販珠。漢高后❷時，下書募三寸珠。仲讀購書，笑曰：「直值❸汝矣！」齎❹三寸珠，詣闕❺上書。珠好過度，即賜五百金。魯元公主❻復私以七百金，從仲求珠。仲獻四寸珠，送置於闕即去。下書會稽徵聘❼，不知所在。景帝時，復來獻三寸珠數十枚，輒去，不知所之云。

朱仲無欲　聊❽寄賈商　俯窺驪龍❾　捫此夜光❿

發跡⓫會稽　曜奇咸陽⓬　施而不德⓭　歷世彌彰

【章旨】

本章寫賣寶珠的仙人朱仲樂施無求的義舉。

【注釋】

❶會稽　郡名，地當今江蘇東南部及浙江西部。
❷漢高后　漢高祖劉邦的皇后，即通稱的呂后，叫呂雉。
❸直值　正當價值。
❹賚　送給。
❺詣闕　赴皇帝的殿庭。
❻魯元公主　漢高祖劉邦和呂后的女兒。
❼徵聘　徵召聘請。

❽聊　姑且。
❾驪龍　傳說是頷下有寶珠的龍。
❿夜光　珍珠名稱，即夜光珠。
⓫發跡　意指立功揚名。
⓬咸陽　地名，戰國時秦孝公建都咸陽，故址在今陝西省長安縣西的渭城故城。注者按：本章敘述的是西漢故事，西漢都長安，所以，此句「咸陽」似應指長安。
⓭德　得到。

【語　譯】

朱仲，是會稽人，常在會稽集市上販賣珍珠。漢高祖皇后當時頒下文告廣泛徵求三寸珠。朱仲讀了求購的文告，笑著說：「該賣個好價錢了！」便送三寸珠到皇帝殿庭上書求見。珠的質量好得出乎意料，當即賞賜五百黃金。魯元公主又私下給了七百黃金，向朱仲求購珍珠。朱仲獻四寸珠，送到殿庭就走了。下詔到會稽徵召朱仲，不知朱仲哪裡去了。漢景帝時朱仲又來獻三寸珠幾十顆，當即離去，不知去向。

朱仲沒有貪欲　姑且當個商販
潛水窺探驪龍　摸到夜光寶珠
揚聲名於會稽　耀寶光於咸陽
樂施而不貪得　歷世更加知名

三八　脩羊公

脩羊公者，魏人也。在華陰山上石室中，有懸石榻，臥其上，石盡穿陷。略不食，時取黃精❶食之。後以道干❷景帝，帝禮之，使止王邸中。數歲道不可得。有詔問脩羊公：「能❸何日發？」語未訖❹，牀上化為白羊，題其脇曰：「脩羊公謝天子。」後置石羊於靈臺❺上，羊後復去，不知所在。

卓❻矣脩羊　韜奇含靈　枕石大華❼　餐茹❽黃精

漢禮雖隆　道非所經❾　應變多質　忽爾隱形

【章旨】

本章寫脩羊公化為白羊成仙的故事。

【注釋】

❶黃精　草名，又名黃芝、黃竹、鹿竹、救窮草、野生薑，多年生草本，葉似竹而短，根如嫩薑，可入藥。道家認為它得坤土的精粹，故名黃精，並認為久服黃精可以輕身延年。

❷干　求取進用。

❸能　技能，這裡指仙術。

❹訖　完；止。

❺靈臺　漢有靈臺，在長安西北，為觀測天象之所。

❻卓　高超。

❼大華　即華陰山。

❽茹　吃。

❾經　籌劃。

【語　譯】

脩羊公，是魏國人。在華陰山的石室中有一張懸著的石床，他睡在上面，石板都睡穿了。很少吃飯，時而服食黃精。後來以道術向漢景帝要求進用。漢景帝對他隆禮相待，讓他住在王府裡。過了好幾年，漢景帝還未見他得道的驗證，下詔問：「脩羊公的道術何時才顯靈？」話音未落，脩羊公已化作床上一隻白羊，在脇上寫著「脩羊公謝天子」幾個字。後來把石羊放在靈臺上，而這隻石羊也離去了，不知去向。

脩羊公真高妙　行事神奇靈異
華陰山上臥石　服食仙藥黃精
漢帝禮遇雖厚　道術終不傳授
形體變化多端　忽然隱形匿跡

三九　稷丘君

稷丘君者，太山❶下道士也。武帝❷時，以道術受賞賜，髮白再黑，齒落更生，後罷去。上❸東巡太山，稷丘君乃冠章甫❹，衣黃衣，擁琴來迎，拜武帝。指帝：「陛下勿上也，上必傷足指❺。」及數里，右足指果折。上諱❻之，故但祠而還。為稷丘君立祠焉，為稷承奉之云。

穆丘洞徹❼　脩道靈山　鍊形濯質　變白還年
漢武行幸❽　攜琴來延❾　戒以升陟❿　逆覩⓫未然⓬

【章旨】

本章寫泰山道士稷丘君長生不老，與漢武帝交往的故事。

【注釋】

❶**太山**　泰山，在山東省中部，古稱東嶽，為五嶽之一。又名岱宗、岱山、岱嶽、泰岱。古代帝王常在泰山舉行封禪大典。

❷**武帝**　漢武帝。是中國古代史上愛好神仙方術的帝王之一，有《漢武帝內傳》、《漢武帝外傳》等道教書敘述漢武帝與神仙交往的神奇故事。

❸**上**　皇上。

❹**章甫**　殷朝時的冠名，即緇布冠。古冠禮，始加緇布冠。

❺**足指**　腳趾。

❻諱　將事情盡力隱瞞，不使人知道。
❼洞徹　同「洞澈」。明白透徹。
❽幸　封建時代稱帝王親臨為幸，如臨幸、巡幸。
❾延　接待。
❿升陟　登高。陟，登；升。
⓫逆覩　預見。
⓬未然　事情發生以前。

【語　譯】

稷丘君，是泰山下的道士。漢武帝時，他因道術高超受到賞賜，蒼白的頭髮既變成黑色，牙齒落了又生出新牙，後來離去。皇上東巡泰山，稷丘君便頭戴緇布冠，身穿黃色衣，帶著琴來迎接，拜見了漢武帝。他向武帝指點說：「陛下，請不要上山吧，上山的話一定會傷著腳趾的。」武帝行了幾里路，果然右腳趾被折傷。但皇上把這事隱瞞起來，不讓別人知道，結果僅僅祭祀了一下就返轉回來。回來後，為稷丘君立祠奉祀，以報答他的侍奉之功。

稷丘洞達大道　修道靈山腳下
修形體使清純　髮變黑而不老
漢武東巡行幸　稷丘攜琴來迎
告誡不要登山　預測果然應驗

四〇 崔文子

崔文子者，太山❶人也。文子世好黃老❷事，居潛山下。後作黃散赤丸❸，成石父祠，賣藥都市，自言三百歲。後有疫氣❹，民死者萬計，長吏之文所請救。文擁朱旛❺，繫黃散以徇❻人門。飲散者即愈，所活者萬計。後去，在蜀賣黃散。故世寶崔文赤丸黃散，實近於神焉。

崔子得道　術兼秘奧　氣癘降喪　仁心攸❼悼❽
朱旛電麾❾　神藥捷到　一時獲全　永世作效

【章旨】

本章寫崔文子用仙藥治病救人的故事。

【注釋】

❶**太山**　泰山。

❷**黃老**　黃帝和老子。道家（教）尊奉黃帝和老子為始祖。後以黃老代稱道家。

❸**黃散赤丸**　古藥物名。

❹**疫氣**　即今所謂流行性急性傳染病。

❺**朱旛**　紅旗。旛，同「幡」。長幅下垂的旗，後也作旌旗的總稱。

❻**徇**　同「巡」。巡行。

❼**攸**　語助詞。

❽悼　傷感。

❾麾　旌旗之屬，作指揮用。

【語譯】

崔文子，是泰山人。文子終生喜好黃老道術，住在潛山下。後來炮製黃散赤丸，建成石父祠堂，在都市賣藥，自稱年紀三百歲。後遇疾病流行，人民病死的數以萬計。長官找到文子，請求救助。文子就擁著紅旗，帶上黃散赤丸送到家家戶戶門前。服了藥的人都痊癒了，救活的人數以萬計。後來文子離去，在四川賣黃散。由此人世代都珍惜文子的赤丸黃散，因為它實在是太神奇了。

崔子修行得道　道術十分玄妙
疾疫降下不幸　愛心為此傷痛
紅旗揮動如電　神藥迅速送到
一時百姓得救　永世都有神效

卷下

四一 赤須子

赤須子，豐❶人也，豐中傳世見之云。秦穆公時，主魚吏❷也。數道豐界災害水旱，十不失一。臣下歸向，迎而師之，從受業❸，問所長，好食松實、天門冬❹、石脂❺。齒落更生，髮墮再出，服霞❻絕後❼。遂去吳山下十餘年，莫知所之。

赤須去豐　爰憩吳山　三藥並御❽　朽貌再鮮
空往師之　而無使延❾　顧問小智　豈識巨年

【章　旨】

本章寫赤須子養生不老、能預見災害的故事。

【注　釋】

❶豐　地名，周邑名，西周文王滅崇國，自岐遷都於此，地在今陝西省戶縣（鄠縣）西。
❷魚吏　古時守魚的官。
❸受業　從師學習。業，大板。古代無紙，用竹簡木板作為書寫的材料，因而稱知識的傳授為受業。後來弟子對老師也自稱受業。
❹天門冬　多年生蔓草名。《本草綱目》十八上作「天虋冬」。繁茂的草叫虋，俗作門。因這種

草茂密，功效與麥門冬相同，故稱天門冬。

❺**石脂** 一種礦物類藥物。

❻**服霞** 服氣的一種方法，神仙家的修煉方術。

❼**絕後** 此句用「絕後」一詞，文意不通，疑應為「絕粒」、「絕穀」、「斷穀」、「辟穀」、「休糧」。神仙家的一種修煉方法——不食五穀。辟穀時並非一切東西都不吃，仍要食藥物，並須兼做導引等工夫。

❽**御** 服用。

❾**使延** 接納；得道。

【語譯】

赤須子，是豐人，豐人相傳世代都見到他。秦穆公時做守魚的官吏。幾次預言豐地將有水旱災害，屢屢言中，十不失一。官員佩服他，迎他當老師，跟他學習。問他道術之法，他說好食松子、天門冬、石脂。他牙齒落了再生，頭髮脫了又長，服霞而不食五穀。後來去吳山下，十幾年後，不知到哪裡去了。

赤須離開豐地　隱居吳山之下
服食三種仙藥　老了又換童顏
官吏白白拜師　無一得其真傳
只問小智末技　不識長生奧秘

四二　東方朔

東方朔❶者，平原厭次❷人也。久在吳中❸，為書師❹數十年。武帝時，上書說便宜❺，拜為郎。至昭帝❻時，時人或謂聖人，或謂凡人。作深淺顯默之行，或忠言，或戲語❼，莫知其旨。至宣帝❽初，棄郎以避亂世，置幘❾官舍，風飄之而去。後見於會稽，賣藥五湖❿。智者疑其歲星精⓫也。

東方奇達　混同時俗　一龍一蛇⓬　豈豫榮辱

高韻沖霄　不羈不束　沈迹五湖　騰影暘谷⓭

【章　旨】

本章寫東方朔風飄之而去的神奇故事。

【注　釋】

❶東方朔　西元前一五四～前九三年在世。西漢平原厭次人。字曼倩。武帝時待詔金馬門，官至太中大夫。以奇計俳辭得親近，為武帝弄臣。因為他以詼諧滑稽著稱，《漢書·東方朔傳贊》稱他為「滑稽之雄」，後世傳其異聞很多，方士又附會之為神仙。

❷厭次　地名，秦置，相傳秦始皇東巡厭氣，到碣石，次宿於此，故改名厭次。西漢改為富平縣，屬平原郡。東漢復名厭次。故城在今山東省陽信縣東南一帶。

❸吳中　春秋時吳國都，古亦稱吳中，今江蘇省吳縣。

❹書師　古代宮中侍書之官。

❺**便宜**　利益；好處。這裡指對國家有利的事。

❻**昭帝**　漢武帝之子，名劉弗陵。

❼**虧語**　反說譏諷之詞。

❽**宣帝**　漢昭帝劉弗陵之子，名劉詢。

❾**幘**　頭巾。

❿**五湖**　五湖的說法不一致，一說即太湖；一說指太湖及附近四湖；一說五湖非一湖，不在一地。

⓫**歲星精**　《舊小說・甲集一・東方朔傳》寫道：「朔未死時，謂同舍郎曰：『天下無人能知朔，知朔者，唯大王公耳。』朔卒死，武帝得此語，即召大王公問之。公對曰：『不知。』『公何所能？』曰：『頗善星曆。』帝問：『諸星皆具在否？』曰：『諸星具在，獨不見歲星十八年，今復見耳。』帝仰天嘆曰：『東方朔生在朕傍十八年，而不知是歲星哉！』慘然不樂。」歲星就是木星，木星約十二年運行一周天，古人用以紀年。

⓬**一龍一蛇**　比喻時隱時顯，變化莫測。

⓭**暘谷**　太陽出來的地方。暘，日出。《淮南子・天文》：「日出於暘谷，浴於咸池。」

【語譯】

東方朔，是平原厭次人。在吳中生活了很久，在皇宮中做書師幾十年。漢武帝時，上書提出良好建議，被拜為師。到漢昭帝時，有人說他是聖人，有人說他是凡人。他時隱時顯，或進忠言，或反語譏諷，無人了解他的微言大義。到宣帝初期，他放棄郎官職務以躲避亂世，把頭巾放在官舍，風便把他飄走了。後來在會稽出現，在五湖賣藥。有識之士猜測他是歲星的化身。

東方朔真神奇　混同時俗生活
一時龍一時蛇　不以榮辱為念
高韻直沖雲天　無拘無束自在
隱匿五湖之濱　暘谷之處飛昇

四三　鉤翼夫人

鉤翼夫人❶者，齊人也，姓趙。少時好清淨，病臥六年，右手拳屈，飲食少。望氣❷者云：「東北有貴人氣，推❸而得之。」召到，姿色甚偉。武帝披其手，得一玉鉤，而手尋展，遂幸而生昭帝。後武帝害之，殯❹尸不冷，而香一月間。後昭帝即位，更葬之，棺內但❺有絲履。故名其宮曰鉤翼，後避諱❻改為弋廟。闈❼有神祠閣在焉。

婉婉弱媛❽　廟符❾授鉤　誕育嘉嗣❿　皇祚⓫惟休⓬

武之不達⓭　背德致仇　委身受戮⓮　尸滅芳流

【章旨】

本章寫漢武帝妃鉤翼夫人承武帝寵幸而生昭帝，後來受害而死，屍解昇仙的故事。

【注釋】

❶**鉤翼夫人** 漢河間（屬河北省，因地在黃河與永定河之間而得名）人，姓趙，武帝妃。傳說他生下來時兩手皆握拳，武帝過河間，親自撥動，手即伸開，號曰拳夫人，封婕妤（漢代女官名，一直沿用到明代）。居住鉤翼宮，稱鉤翼夫人。生昭帝。後受責，憂死於雲陽宮。昭帝即位，追尊為皇太后。

❷**望氣** 古代迷信占卜法，望雲氣附會人事，預言吉凶成敗。

❸**推** 推求；尋求。

❹殯　入殮。

❺但　僅僅。

❻諱　古人在言談和書寫時要避免君父尊親的名字。對孔子及帝王之名，眾所共諱，稱公諱；人子避祖父之名，稱家諱。避諱之法一般取同義或同音字代替本字，或用原字而省缺筆劃。

❼闈　宮中后妃居住之所。

❽媛　美女。

❾廟符　祖先降下的祥瑞徵兆。

❿嘉嗣　好子孫。嘉，美好。嗣，子孫後代。

⓫皇祚　王朝的國統。

⓬休　美善。

⓭達　豁達；心懷開闊。

⓮戮　斬；殺。

【語譯】

鉤翼夫人，是齊人，姓趙。年幼時好清靜，臥病六年，右手拳屈不能伸開，也吃得很少。望氣的人說：「東北方有象徵貴人的雲氣，尋找而得到鉤翼夫人。」漢武帝召到面前，見她姿色非常漂亮。武帝親自分開她的手，得到一隻玉鉤，手也當即伸展開來，於是寵幸生下昭帝。後來武帝將她害死，屍體入殮而不變冷，香氣保留了一個月。後來昭帝即位皇帝，重新安葬母親，棺柩裡只剩下絲履了。因此為她的宮取名叫「鉤翼」。後因避諱，改為「弋廟」。在宮中后妃居住的地方建有神祠、閣。

那溫柔的美人　神賜瑞符玉鉤
生下了好兒孫　皇家後繼有人
武帝心不明達　不以好心報答
委身反而被害　屍解流芳人間

四四 犢子

犢子者，鄴❶人也。少在黑山❷採松子、茯苓❸，餌而服之。且數百年，時壯時老，時好❹時醜。時人乃知其仙人也。常過酤酒❺陽都家。陽都女者，市中酤酒家女，眉生而連，耳細而長，眾以為異，皆言此天人❻也。會犢子牽一黃犢來過，都女悅之，遂留相奉侍。都女隨犢子出取桃李，一宿而返，皆連兜❼甘美。邑中隨伺❽，逐之出門。共牽犢耳而走，人不能追也。且還，復在市中數十年，乃去見潘山下，冬賣桃李云。

犢子山棲　採松餌苓　妙氣充內　變白易形
陽氏奇表　數❾合理冥　乃控靈犢　倏若電征

【章　旨】

本章寫犢子服食仙藥，後與奇女陽氏一起隨神牛成仙的故事。

【注　釋】

❶**鄴**　地名，春秋齊邑，桓公於此作鄴城，戰國魏的都城，漢代置縣，隸屬魏郡，地在今河北省。

❷**黑山**　山名，在今河南省浚縣西北，也稱墨山，山上巉巖峻壁，石色蒼黑。

❸**茯苓**　藥物名，擔子菌綱，多孔菌科，子實體不常見，通常說的茯苓，是指這種菌的菌核。多生於赤松或馬尾松的根上，深入地中約二十至三十厘米。菌核外皮為茯苓皮，可供食用，亦入藥。茯苓性平，味甘淡。功能益脾安神，利水滲濕。

❹**好**　美麗；漂亮。

❺酤酒 賣酒。

❻天人 指有道之人。

❼兜 即口袋、布袋。

❽伺 偵候。

❾數 命運；天命。

【語 譯】

犢子，是鄴人。年輕時在黑山採摘、服食松子、茯苓。過了幾百年，時而健壯，時而衰老；時而英俊，時而醜陋，當時人才知道他是仙人。常到賣酒的陽都家去。陽都女是酒家女，眉毛生來連著耳朵，纖細修長。大家都認為奇怪，都說她是神人。剛好遇上犢子牽一頭黃牛犢來訪，陽都女就喜歡他，於是讓他留下並侍奉他。陽都女跟隨犢子出門去取桃李，過了一夜返回，都帶回滿口袋的甘美桃李。鄉里人跟蹤偵探，結果把他們驅逐出門。兩人共同牽著黃牛犢耳朵跑了，誰也追不上。他們又回來在集市上活動了數十年才離去。有人見他們冬天在潘山下賣桃李。

犢子棲居黑山　採食松子茯苓
妙氣充實體內　身體變白變樣
陽氏外貌奇怪　命合深奧大道
控馭靈妙黃犢　行動迅如閃電

四五 騎龍鳴

騎龍鳴者，渾亭❶人也。年二十，於池中求得龍子❷，狀如守宮❸者十餘頭，養食，結草廬而守之。龍長大，稍稍❹而去。後五十餘年，水壞其廬而去。一旦，騎龍來渾亭，下語云：「馮伯昌孫也。此間人不去五百里，必當死。」信者皆去，不信者以為妖。至八月，果水至，死者萬計。

騎鳴養龍　結廬虛池　專至俟化❺　乘雲驂螭❻

紆轡❼故鄉　告以速移　洞鏡❽災祥　情眷不離

【章 旨】

本章寫騎龍鳴養龍而昇仙，後來回故鄉拯救鄉人的故事。

【注 釋】

❶渾亭 地名，地點不詳。
❷龍子 幼龍。
❸守宮 蜥蜴別名。
❹稍稍 隨即。
❺化 死的一種說法，道家（教）稱死為羽化，佛教稱死為坐化。
❻螭 傳說中無角的龍。
❼紆轡 回旋。

❽洞鏡　洞察。

【語　譯】

騎龍鳴，是渾亭人。二十歲時在水池中得到一條小龍，形狀像蜥蜴，長有十幾個頭。騎龍鳴飼養牠，蓋了草廬來守護牠。龍長大後就走了。過了五十餘年，雨水沖壞他的草廬，他就離開了。有一天，他騎著龍來到渾亭，下來說：「我是馮伯昌的孫子。這地方的人不到五百里以外去，一定會死的。」信這話的人都離開了，不信的人認為是妖言惑眾。到了八月份，果然洪水沖來，淹死的人成千上萬。

騎龍飼養神龍　虛池搭蓋草屋
專一等待羽化　乘雲駕馭神龍
回轉故鄉看望　告訴鄉民速移
洞察災難將至　深情眷戀不離

四六　主柱

主柱者，不知何所人也。與道士共上宕山，言此有丹砂❶，可得數萬斤。宕山長吏知而上山封之。砂流出，飛如火，乃聽柱取。為邑令章君明餌砂，三年得神砂飛雪❷。服之，五年能飛行，遂與柱俱去云。

主柱同窺❸　道士精徹　玄感❹通山　丹砂出穴
熒熒❺流丹　飄飄飛雪　宕長悟之　終然同悅

【章旨】

本章寫主柱服食丹砂昇仙的故事。

【注　釋】

❶丹砂　硃砂，也作「丹沙」。
❷飛雪　神砂的名稱。
❸同窺　注者疑此二字應是「洞窺」，以與下句「精徹」對應；或曰：「同窺」同「洞窺」。
❹玄感　暗相感應。
❺熒熒　微光閃爍的樣子。

【語　譯】

主柱這個人，來路不明。與道士一起上宕山，說這裡有丹砂，可得幾萬斤。宕山地方官知道後上山將丹砂礦查封。丹砂流溢出來，飛動似火。這樣一來，才任憑主柱去採取。主柱為邑中長官章君明精製丹砂服用，經過三年，得到名叫飛雪的神砂。章君明服食神砂，五年後就能夠飛行了，於是和主柱一起離去。

主柱洞達妙道　道士仙術精微
神靈感通山巒　丹砂流出洞穴
流丹閃爍熒熒　飛雪神砂飄飄
宕山長官悟道　終於同享歡樂

四七 園客

園客者，濟陰❶人也。姿貌好而性良，邑人多以女妻之，客終不取❷。常種五色香草，積數十年，食其實。一旦，有五色蛾止其香樹末。客收而薦❸之，以布生桑蠶焉。至蠶時，有好女夜至，自稱客妻，道蠶狀。客與俱收蠶，得百二十頭繭❹，皆如甕❺大。繅❻一繭，六十日始盡。訖則俱去，莫知所在。故濟陽❼人世祠桑蠶，設祠室焉。或云陳留濟陽氏。

美哉園客　顏曄朝華　仰吸玄精❽　俯捋五葩

馥馥❾芳卉　采采文蛾　淑女宵降　配德升遐❿

【章旨】

本章寫神女助園客養蠶，最後夫妻雙雙昇仙的故事。

【注釋】

❶濟陰　漢郡名，治所在今山東省定陶縣。
❷取　同「娶」。
❸薦　動詞，墊。
❹蠒　「繭」的異體字，蠶成蛹期前吐絲所作的殼。
❺甕　本作「瓮」，亦作「罋」。陶製盛器。
❻繅　抽繭出絲。
❼濟陽　縣名，戰國魏邑，漢置縣，屬陳留郡。

❽玄精　人體的元氣。

❾馥　香。

❿升遐　升天。

【語　譯】

園客，是濟陰人。容貌英俊，性情善良，鄉人大都想把女兒嫁給他，但園客始終都不娶。他常種植五色香草，連續種了幾十年，吃它的果實。有一天，一隻五色飛蛾停落在他的香樹枝頭。園客把飛蛾捕到，用布墊起，讓牠生蠶。到收蠶的時候，有一位漂亮女子夜裡來了，自稱是園客的妻子，能說出蠶的情況。園客和她二人一起收蠶，得到一百二十個繭，都像甕那樣大。抽一個繭的絲要六十天才能抽完。抽完繭絲二人都走了，不知去向。因此濟陽人世代奉祀桑蠶，設立祠堂。有人說園客是陳留濟陽人。

園客真英俊啊　　容貌健美光彩

仰吸人體元氣　　俯摘五色香花

花卉芳香四溢
美女夜裡降臨

飛蛾色澤斑爛
比翼雙飛昇天

四八 鹿皮公

鹿皮公者，淄川❶人也。少為府小吏木工，舉手能成器械。岑山❷上有神泉，人不能至也。小吏白府君請木工斤斧❸三十人，作轉輪懸閣❹，意思橫生。數十日，梯道四間成。上其巔，作祠舍，留止其旁。絕其二間以自固，食芝草❺，飲神泉，且七十年。淄水❻來，山下呼宗族家室，得六十餘人，令上山半。水盡漂一郡，沒者萬計。小吏乃辭遣宗家，令下山，著鹿皮衣遂去。復上閣，後百餘年，下賣藥於市。

皮公興思　妙巧纏綿❼　飛閣懸趣　上挹❽神泉
肅肅清廟　愔愔❾二間　可以閑處　可以永年❿

【章旨】

本章寫巧木匠鹿皮公食芝草、飲神泉而長生成仙的故事。

【注釋】

❶淄川　漢般陽縣地，屬濟南郡。
❷岑山　山名，地點不詳。
❸斤斧　斧頭。
❹閣　用木材架於空中的道路。
❺芝草　靈芝草，一種菌類植物。傳說中的仙草。
❻淄水　水名，今名淄河，源出山東省萊蕪縣，東北流經臨淄東，北上合小清河出海。
❼纏綿　也作「纏緜」。固結不解。

❽挹　舀；酌取。
❾愔愔　安閒、和悅的樣子。
❿永年　長壽。

【語　譯】

鹿皮公，是淄川人。年輕時在官府的小官家做木工，舉手功夫便能做成一件器物。岑山上有一眼神泉，人們都去不到那裡。小官員白府君請木工三十人用斧頭造安裝有轉輪而能上下滑動的懸閣，妙趣橫生。幾十天後四個懸閣就做成了。上到山巔，修建祠堂，居住在旁邊，並封死兩個懸閣來保證自身安全。平日食芝草、飲神泉，這樣過了七十年。後來淄水泛濫，他到山下來招呼宗族家人，找到六十餘人，讓他們上到山半腰。由於洪水四溢，大陸變成汪洋，全郡遭滅頂之災的數以萬計。小官員於是辭送宗族家人，讓他們下山。他身著鹿皮的衣服，隨後離開。後來又上了懸閣，百餘年後，下山在集市上賣藥。

皮公萌發奇想　巧妙難以言傳
飛閣意趣橫生　上山酌飲神泉
肅穆清靜廟堂　二道懸閣安閒
此地可以閒居　這裡可以永年

四九 昌容

昌容者，常山❶道人也，自稱殷王子❷。食蓬虆❸根，往來上下，見之者二百餘年，而顏色如二十許人。能致紫草，賣與染家，得錢以遺❹孤寡，歷世而然。奉祠者萬計。

殷女忘榮　曾無遺戀　怡我柔顏　改華標蒨❺
心與化❻遷　日與氣鍊　坐臥❼奇貨　惠及孤賤

【章旨】

本章寫仙女昌容長生不老、救助孤寡的故事。

【注　釋】

❶常山　山名，即恒山。漢代避文帝劉恒諱，改名常山。

❷子　兒子或女兒，這裡指女兒。

❸蓬虆　草名，生於丘陵之間，藤葉繁衍，蓬蓬虆虆，故名。可入藥。

❹遺　送給。

❺蒨　鮮明。

❻化　造化；大自然。

❼坐臥　安坐而得。極言其易，全不費力。

【語　譯】

昌容，常山道人，自稱是殷王的女兒。服食蓬虆根，來往於天上人間，見到她二百餘年，而顏色像二十來歲的年輕人。她能安坐而得到紫草，賣給染匠，得的錢用於救助孤寡不幸的人，世代都如此。因此奉祀她的人成千上萬。

殷女忘卻虛榮　沒有一點依戀
容顏安詳柔順　不老而有光彩
心與造化俱變　天天服氣鍊形
安坐招致奇貨　恩澤施與孤賤

五〇 谿父

谿父者，南郡❶鄘❷人也。居山間，有仙人常止其家，從買瓜，教之鍊❸瓜子，與桂、附子、芷實❹共藏，而對分食之。二十餘年，能飛走，昇山入水。後百餘年，居絕山頂，呼谿❺下父老，與道平生時事云。

谿父何欲　欲在幽谷　下臨清澗　上翳❻委蓐❼
仙客舍之　導以秘籙　形絕埃壒　心在舊俗

【章旨】

本章寫谿父受仙人秘方仙術而得道的故事。

【注釋】

❶**南郡** 地名，秦昭襄王二十九年，白起攻楚取郢，置為南郡，在今湖北省江陵縣北。漢移治江陵，即今治。漢時南郡有江陵等十八縣。

❷**鄘** 地名，故地在今河南省汲縣境。

❸**鍊** 煉製。

❹**桂附子芷實** 三種中藥名。桂，桂枝，性溫，味辛甘，功能解表散寒、溫經通陽，主治感冒風寒、怕冷發熱、關節酸痛、經閉腹痛等症。附子，烏頭塊根的乾燥側根，有毒，經鹽漬、水漂、煮熟等炮製後，毒性減低，稱為「製附子」、「熟附塊」。性大熱，味辛。功能回陽救逆、祛寒濕。芷實，白芷，性溫，味辛，祛風。

❺**谿** 山間河溝；山谷。

❻**翳** 隱居。

❼**蓐** 臥止之草。

【語　譯】

谿父，是南郡鄘人。住在山間，有仙人常停在他的家中，跟隨賣瓜。仙人教他用瓜子、桂枝、附子、芷實煉製仙藥，二人平分服食。二十餘年後，他能飛行，上山入水。百餘年後住在山頂上，喚來山谷下的父老，一起談論平生事。

谿父有何期望　　期望住在深谷
下臨清洌山溪　　隱居山上草間
仙客停住他家　　教他秘方仙術
形體超絕塵世　　一心不忘舊俗

五一　山圖

山圖者，隴西❶人也。少好乘馬，馬蹋之折腳，山中道人教令服地黃❷、當歸❸、羌活❹、獨活❺、苦參❻散❼。服之一歲，而不嗜食，病愈身輕，追道人問之，自言五嶽使，之名山採藥，能隨吾，使汝不死。山圖追隨之六十餘年。一旦歸來，行母服❽於家間。朞❾年復去，莫知所之。

山圖抱患　因毀致全　受氣使身　藥輕命延

寫哀墳柏　天愛猶纏　數周❿高舉　永絕俗緣

【章旨】

本章寫山圖因禍得福，受仙人教導，服食仙藥而長生成仙的故事。

【注釋】

❶隴西　郡名。秦置，漢晉因之，地在今甘肅東南部一帶。

❷地黃　中藥名。玄參科。多年生草本。中醫以根和根莖入藥。性寒，味甘苦，功能清熱生津、涼血止血，主治熱病煩躁、津傷口渴、斑疹、吐血等症。

❸當歸　多年生草本。中醫以根入藥。性溫，味甘苦辛。功能補血活血、化瘀止痛。主治血虛、月經不調、經風、風濕痹痛、跌打損傷、癰腫等症。

❹羌活　多年生大型草本。中醫以根或根莖入藥。性溫，味辛苦。功能祛風散寒勝濕。主治感冒風寒、頭痛、關節疼痛等症。

❺**獨活** 傘形科植物牛尾獨活、毛當歸等的根稱「獨活」。性溫，味辛。功能祛風除濕。主治風濕痹痛、風寒頭痛等症。

❻**苦參** 豆科。落葉亞灌木。中醫以根入藥。性寒，味苦。功能清熱燥濕，殺蟲。主治痢疾、痔血、濕熱黃疸、濕瘡、皮膚瘙痒等症。

❼**散** 屑狀藥。

❽**服** 古代喪禮規定的喪服。也指居喪。

❾**朞** 同「期」。一周年。喪服制度，「期服」的簡稱。舊時服喪，齊衰一年為期服。凡長輩如祖父母、伯叔父母、在室姑等之喪，平輩如兄弟、姊妹、妻之喪，小輩如侄、嫡孫之喪，均行期服。

❿**周** 合。

【語譯】

山圖，是隴西人。年輕時喜歡騎馬，馬踩住他，折傷了腳。山中道人教他吃用地黃、當歸、羌活、獨活、苦參炮製的屑狀藥。服食一年，他就不再想吃飯，病好了，身體也變得輕盈，追問道人這是怎麼一回事兒。道人自稱是五嶽神仙派來的使者，到名山採藥，並說你能跟從我，就可以讓你長生不死。於是山圖追隨他六十餘年。一天歸來，在家裡給母親行喪禮。滿一年後又走了，沒有人知道他去哪兒了。

山圖乘馬受傷　因禍反而得全
服氣修煉身體　仙藥輕身延年
母親墳前致哀　仙緣連綿不斷
天命合於昇仙　永久斷絕俗緣

五二 谷春

谷春者，櫟陽❶人也。成帝❷時為郎，病死而屍不冷。家發喪行服❸，猶不敢下釘。三年，更著冠幘❹，坐縣門上。邑中人大驚。家人迎之，不肯隨歸。發棺有衣無屍。留門上三宿，去之長安，止橫門上。人知追迎之，復去之太白山❺。立祠於山上，時來至其祠中止宿焉。

谷春既死　停屍猶溫　棺闔五稔❻　端委於門
顧視空柩　形逝衣存　留軌太白　納氣玄根❼

【章　旨】

本章寫谷春死而復生的神異故事。

【注　釋】

❶**櫟陽**　縣名，秦置，漢因之，故地在今陝西省臨潼縣北五十里。

❷**成帝**　西漢第五位皇帝，名劉驁，在位於西元前三二至前七年。

❸**行服**　居喪。

❹**幘**　頭巾。

❺**太白山**　山名，在陝西省郿縣南。《水經注・渭水》云：「太白山去長安三百里。不知其高幾何。俗云武功太白，去天三百。山下軍行不得鼓角，鼓角則疾風雨至。冬夏積雪，望之皓然。」道教典籍《雲笈七籤》將「太白山」列入三十六洞天。

❻稔　古代穀物一年一熟，故稱年為稔。

❼玄根　道家語，指身軀。

【語　譯】

谷春，是櫟陽人。漢成帝時做過郎官，因病死亡，可是屍體並不變冷。家人為他服喪送葬，還不敢蓋棺、釘上釘子。三年後，又穿戴著頭巾帽子，坐在縣門上。鄉人大為驚詫。家裡人迎他回去，他不肯一起回家。回家打開棺材一看，只有衣服而沒有屍首。他在縣門上停留三夜，而後到長安去，停在橫門上。人們追隨、迎接他，他又離去前往太白山。後來在太白山上設祠堂，他時時來住在祠中。

谷春死亡以後　停屍仍有體溫
棺材蓋上五年　卻端坐縣門上
探視棺內空空　衣存而屍不在
太白山上顯形　服氣修煉身軀

五三　陰生

陰生者，長安中渭橋❶下乞兒也。常止於市中乞，市人厭苦，以糞灑之。旋復在里❷中，衣不見汙，如故。長吏知之，械收❸。繫著桎梏，而續在市中乞。又械，欲殺之，乃去灑者之家。室自壞，殺十餘人。故長安中謠曰：「見乞兒與美酒，以免破屋之咎❹。」

陰生乞兒　人厭其黷　識真者稀　累見囚辱

淮陰忘吝❺　況我仙屬　惡肆❻殃及　自災其屋

【章旨】

本章寫乞討小兒陰生屢遭欺凌，處境可憐，最後惡人受到懲罰的故事。

【注釋】

❶**渭橋**　漢時長安附近渭水上的橋。

❷**里**　古代一種居民組織，以二十五家為里。也泛指鄉里。

❸**械收**　用鐐銬拘禁。械，桎梏，即腳鐐和手銬。

❹**咎**　災禍。

❺**淮陰忘咎**　此典故出自司馬遷《史記・淮陰侯列傳》。淮陰侯指韓信。韓信年少時窮困無聊，寄食朋友南昌亭長家，數月後亭長的妻子討厭他，就一大早吃飯，不讓韓信趕上吃飯時間。韓信憤而離去。後遇漂母可憐他，給他飯吃，韓信十分感激。等韓信功成名就被封為楚王，韓信賜給漂母千金作為報答，而只給南昌亭長百錢，對他說：「公，小人也，為德不卒。」

❻**肆**　作坊；店鋪。

【語　譯】

陰生，是長安附近渭橋下的一個乞討小兒。他常在長安集市上乞討，集市上的人很討厭他，把糞灑在他身上。不久，又出現在里巷，衣服像從前那樣潔淨無污。長官知道後，用鐐銬將他拘束起來。他戴著鐐銬繼續在集市上乞討。長官又用鐐銬拘禁，並且想殺了他，於是離開了灑糞的人家。而這人家的房屋卻自己倒塌了，砸死了十多個人。因此長安市中有歌謠唱道：「見乞兒給美酒，以免有屋破之禍臨頭。」

陰生乞食長安　人們感到厭惡
無人識其真相　多次遭受囚辱
韓信藐視吝人　何況我等仙人
狠心商人遭殃　災禍自降其屋

五四 毛女

毛女者，字玉姜，在華陰❶山中。獵師❷世世見之，形體生毛。自言秦始皇宮人❸也，秦壞，流亡入山避難，遇道士谷春，教食松葉，遂不饑寒，身輕如飛，百七十餘年。所止巖中，有鼓琴聲云。

婉孌❹玉姜　與時遁逸　真人授方　餐松秀實
因敗獲成　延命深吉　得意巖岫❺　寄歡琴瑟

【章旨】

本章寫秦始皇宮女毛女在秦亡後流亡入華陰山中，遇真人傳授仙方，修煉成仙的故事。

【注釋】

❶ 華陰 縣名。在今陝西省。秦時名寧秦，漢高祖八年改名華陰。因在太華山之北而得名。
❷ 獵師 善於打獵的人。
❸ 宮人 宮女的通稱。
❹ 婉孌 美好。
❺ 巖岫 深山洞穴，指隱士生活。

【語譯】

毛女，字玉姜，住在華陰縣山中。打獵的人世代都見到她，身上長著毛。自己說是秦始皇宮女，秦滅亡後流亡入山中避難，遇道士谷春，教她服食松葉，於是不飢不寒，身體輕盈可以飛行。經過一百七十餘年，所停住的巖洞中，一直傳出鼓琴的樂音。

181 女毛

玉姜真是美好　順應時世隱逸
真人傳授仙方　服食仙藥松葉
因敗卻獲成功　延長生命大吉
得意隱於巖穴　琴瑟寄託歡悅

五五　子英

子英者，舒鄉人也。善入水捕魚，得赤鯉，愛其色好，持歸著池中，數以米穀食之。一年長丈餘，遂生角，有翅翼。子英怪異，拜謝之。魚言：「我來迎汝，汝上背，與汝俱昇天。」即大雨。子英上其魚背，騰昇而去。歲歲來歸故舍，食飲，見妻子。魚復來迎之。如此七十年。故吳中門戶皆作神魚，遂立子英祠云。

子英樂水❶　游捕為職　靈鱗來赴　有煒厥❷色
養之長之　挺角傅翼　遂駕雲螭❸　超步太極❹

【章　旨】

本章寫以捕魚為業的子英捕到神魚，後來神魚生角長翅，背他昇天的故事。

【注　釋】

❶樂水　喜愛水。
❷厥　牠的。
❸螭　傳說中的一種無角龍。
❹太極　至高無上的萬物產生的本源。

【語　譯】

子英，是舒鄉人。善長入水捕魚，捕到一條赤鯉，喜歡牠的顏色討人喜愛，就把牠帶回去放進池中，常用米穀來餵牠。一年後長達丈餘，隨後生出角，並長出翅翼。子英感到奇怪，向牠拜謝。魚說：「我來迎接你，你上我背，與你一起昇天。」當即下了大雨。子英就上牠的魚背，騰起昇天而去。此後年年回歸故居，吃飯飲茶，和妻兒見面。不久魚又來迎接他。這樣持續了七十年。於是吳中門上都貼上神魚，也因而設立了子英祠堂。

子英很喜愛水　以捕魚為職業
神魚前來赴會　顏色鮮明好看
飼養令牠長大　生了角又長翅
於是駕馭雲龍　邁步混沌太極

五六 服閭

服閭者，不知何所人也。常止莒，往來海邊。諸祠中有三仙人，於祠中博賭❶瓜，顧❷閭令擔黃白瓜數十頭，教令瞑目❸。及覺乃在方丈山❹，在蓬萊山❺南。後往來莒，取方丈山上珍寶珠玉賣之，久矣。一旦，髡❻頭著赭衣❼，貌更老。人問之，言坐❽取廟中物云。後數年，貌更壯好，鬢髮如往日時矣。

服閭游祠　三仙是使　假寐須臾❾　忽超千里

納寶毀形　未足多恥　攀龍附鳳❿　逍遙終始⓫

【章　旨】

本章寫服閭受仙人點化成仙的故事。

【注　釋】

❶博賭　以錢物作注來比輸贏。

❷顧　回頭看。

❸瞑目　閉目。

❹方丈山　傳說中仙山名。《史記・秦始皇本紀》說：「齊人徐市等上書，言海中有三神山，名曰蓬萊、方丈、瀛洲，僊人居之。」《水經注・河水》說：「東方朔《十洲記》曰：方丈在東海中央，東西南北岸相去正等方丈，面各五千里，上專是群龍所聚，有金玉琉璃之宮，三天司命所治處，群仙不欲升天者，皆往來也。」

❺**蓬萊山**　仙山名。

❻**髡**　古代剃去頭髮的一種刑罰。

❼**赭衣**　赤褐色衣。古代囚徒穿紅衣，因此罪人也稱為赭衣。

❽**坐**　因犯……罪或錯誤。

❾**須臾**　瞬時；一會兒。

❿**攀龍附鳳**　喻依附有聲望的人而立名，這裡指巧遇仙人指點而得道成仙。

⓫**終始**　長久。

【語　譯】

服閻，不知是何地人。常到莒地，往來於海邊。祠堂裡三位仙人正在賭瓜，回頭看見服閻，就讓他擔來黃白瓜幾十個，教他閤上眼。等醒來已身在方丈山，即在蓬萊山南邊。後來往來於莒地，帶著方丈山上的珍寶珠玉去出售，過了一段很長時間。一天，他剃了頭髮，穿著紅褐色的罪人衣服，容貌顯得十分衰老。人們問他怎麼回事兒，他說是拿廟中物品而犯了罪。數年後，他容貌又健美起來，鬢髮變得和以前一樣了。

服閭祠中遊玩　受到三仙指點
假睡了一會兒　忽然一躍千里
偷拿珍寶毀形　也未當作恥辱
攀龍附鳳成仙　逍遙自在長久

五七 文賓

文賓者，太丘鄉人也。賣草履❶為業，數取嫗❷，數十年，輒棄之。後時故嫗壽老，年九十餘，續見賓年更壯。他時❸嫗拜賓涕泣。賓謝❹曰：「不宜。至正月朝❺，儻能會鄉亭西社❻中邪？」嫗老，夜從兒孫行十餘里，坐社中待之。須臾，賓到，大驚：「汝好道邪！知汝爾，前不去汝也。」教令服菊花、地膚、桑上寄生、松子❼，取以益氣。嫗亦更壯，復百餘年見云。

文賓養生　納氣玄虛❽　松菊代御❾　錬質鮮膚
故妻好道　拜泣踟躕❿　引過告術　延齡百餘

【章　旨】

本章寫仙人文賓教前妻仙術，延長壽命的故事。

【注　釋】

❶草履　草鞋。
❷嫗　婦女的通稱。
❸他時　後來。
❹謝　推辭。
❺朝　初。
❻社　祭祀土地神的地方。
❼菊花地膚桑上寄生松子　五種中藥名。菊花，性微寒，味甘苦，功能散風清熱、平肝明目，

主治感冒風熱、頭痛、目赤等症。地膚，藜科植物地膚的果實，性寒，味甘苦，功能清濕熱，利小便。桑上寄生，桑寄生科，常綠小灌木，寄生於槲樹、桑樹和山毛櫸科植物上，性平，味苦，功能補肝腎、強筋骨、除風濕，現亦用以治高血壓病。松子，松樹的籽，味苦溫，功能安五臟、除熱，久服不老延年。

❽**玄虛**　神智清明，性情沉靜。

❾**代御**　交替處於支配地位，指順次轉移。

❿**踟躕**　相連的樣子。

【語　譯】

文賓，是太丘鄉人。以賣草鞋為職業，幾十年間幾次娶老婆，總是拋棄她們。後來有個老婆年紀很老了，已有九十餘歲，常見到文賓更為年輕健壯。有一天這個老婆拜見文賓，哭泣不止。文賓推辭說：「不應這樣。到正月初，能到鄉亭西邊土地廟中相見嗎？」老婦人年歲大了，夜裡跟著兒孫趕路走了十餘里，坐在土地廟中等待文賓。

轉眼文賓到了，大為吃驚：「你真喜歡道術啊！早知道你這樣好道術，從前就不會讓你走了。」於是教她服食菊花、地膚子、桑寄生、松子，用來增益精氣。婦人也日益變健壯，又延長了百餘年壽命。

文賓善於養生　納氣神智清明
交替服食松菊　修煉形體鮮活
前妻喜好道術　拜見涕泣連連
認錯而傳仙術　延長壽命百餘

五八 商丘子胥

商丘子胥者，高邑人也。好牧豕❶吹竽，年七十不娶婦，而不老。邑人多奇之，從受道，問其要，言但食朮❷、菖蒲❸根、飲水，不饑不老如此。傳世見之，三百餘年。貴戚富室聞之，取而服之，不能終歲輒止，憜慢❹矣。謂將復有匿術❺也。

商丘幽棲　韞櫝❻妙術　渴飲寒泉　饑茹蒲朮
吹竽牧豕　卓犖❼奇出　道足無求　樂茲永日❽

【章旨】

本章寫喜歡牧豬吹竽的商丘子胥食仙藥、飲寒泉成仙，而富貴人家雖服相同的藥卻無效的有趣故事。

【注釋】

❶豕　豬。

❷朮　草名，根莖可入藥，有白朮、蒼朮等數種。

❸菖蒲　草名，生於水邊，有香氣，根入藥，亦名白菖、泥菖蒲。

❹憧慢　懈怠不敬。

❺匿術　秘不告人的道術。

❻韞櫝　本指藏於櫃中，引申為保持不失。

❼卓犖　卓絕出眾。

❽永日　長時間。

【語譯】

商丘子胥，是高邑人。喜歡牧豬吹竽，七十歲了還不娶妻，卻不衰老。邑人都感到奇怪，就跟他學習道術，問他道術的要領，他說只是吃朮、菖蒲根、飲水，便不會感到飢餓也不會變老，如此而已。相傳人世代都見到他，達三百餘年。貴戚富人聽說了這種情況，便取這幾種仙藥服食，吃不到一年就停了，真是太懈怠、太懶惰了。他們還說有什麼秘不告人的道術呢！

商丘子胥隱居　妙術堅守不失
渴了飲進寒泉　飢餓則吃蒲朮
暢吹竽收養豬　卓絕奇妙出眾
道足沒有他求　歡樂無有盡頭

五九 子主

子主者，楚語❶而細音，不知何所人也。詣❷江都王，自言：「甯先生顧❸我作客❹三百年，不得作直❺。」以為狂人也，問先生所在，云在龍眉山上。王遣吏將上龍眉山巔，見甯先生，毛身廣耳，被髮鼓琴。主見之叩頭，吏致❻王命。先生曰：「此主吾比舍❼九世孫。且念❽汝家，當有暴死女子三人。勿預❾吾事。」語竟❿，大風發。吏走下山，比⓫歸，宮中相殺三人。王遣三牲⓬立祠焉。

子主挺年⓭　理有所資　甯主祠秀　拊琴龍眉

以道相符　當與訟微⓮　匡事竭力　問昭我師

【章　旨】

本章寫子主因與甯先生打官司而身為仙人的真相終於大白的故事。

【注　釋】

❶**楚語**　楚地方言。
❷**詣**　到。
❸**顧**　通「雇」。
❹**客**　佣客。
❺**作直**　付工錢。直，通「值」。
❻**致**　傳達。
❼**比舍**　鄰居。

❽**念** 想來；考慮。

❾**預** 干涉。

❿**竟** 完。

⓫**比** 及；等到。

⓬**三牲** 供祭祀用的牛、羊、豬。

⓭**挺年** 長壽。挺，寬。

⓮**當與訟微** 這是一個反問句。意謂：子主與甯先生默契於道術，不會因小事打官司，而是另有所圖。

【語譯】

子主，操楚地方言，聲音細小，不知是哪裡人。到江都王那裡，自己解釋說：「甯先生雇我作佣客，三百年來都得不到工錢。」江都王認為他是一個狂人，問他甯先生在何處，說在龍眉山上。江都王派官員上龍眉山頂，看見甯先生，身上長毛，耳朵寬大，頭髮披散，正在彈奏琴弦。子主見到甯先生就叩頭，官員傳達江都王的旨意。甯先生說：「這子主是我鄰居的九世孫。想一想你自己的家吧，應有三位女子暴死。不要管我的事。」話剛說完，起了大風，官員便跑下山去。等回到家，宮中果然死了三個人。江都王命令用牛、羊、豬三件祭品祭祀，並建祠廟奉祀他。

子主年紀延長　借助於真道術
甯主祈求靈驗　龍眉彈奏琴弦
二人以道相合　不為小事訴訟
竭力做好事務　一問我師現形

六〇　陶安公

陶安公者，六安❶鑄冶師也。數行火，火一日散，上行，紫色衝天。安公伏冶下求哀。須臾，朱雀❷止冶上，曰：「安公，安公，冶與天通；七月七日，迎汝以赤龍。」至期，赤龍到，大雨，而安公騎之東南上一城邑，數萬人眾共送視之，皆與辭決❸云。

安公縱火　紫炎洞熙❹　翩翩朱雀　銜信告時
奕奕朱虬　蜿然❺赴期　傾城仰覿❻　迴❼首顧辭

【章旨】

本章寫陶安公於七月七日由赤龍來迎他昇天的故事。

【注　釋】

❶六安　漢六安王國，治六縣。東漢改六縣為六安侯國。晉復名六縣。

❷朱省　應作「朱雀」。神鳥名。古代四靈之一。古人為四方取象，蒼龍、白虎、朱雀、龜蛇。朱雀主南方。有人說就是鳳。

❸辭決　辭別。

❹洞熙　異常光明。

❺蜿然　曲折盤旋。

❻仰覲　仰望；向上看。覲，通「睹」。

❼迴　同「回」。

【語　譯】

陶安公，是六安的冶鍊師傅。曾多次生火，有一回火散了，火焰向上衝，一片紫色衝向天空。安公趴在冶爐下哀求。一會兒朱雀停降在冶爐上，說：「安公啊安公，冶鍊與天相通；七月七日，迎接你的是赤龍。」到了那一天，赤龍來到，天降大雨，而安公騎上赤龍來到東南方，昇上一座城池，幾萬人一起看望相送，陶安公都一一與他們告別。

安公操縱爐火　紫焰十分光亮
朱雀翩翩飛來　帶信告訴日期
赤虬神采奕奕　蜿蜒趕來赴期
人們傾城仰望　安公回首告別

六一　赤斧

赤斧者，巴戎❶人也。為碧雞祠主簿❷，能作水澒❸鍊丹，與硝石❹服之，三十年反如童子，毛髮生皆赤。後數十年，上華山取禹餘糧餌，賣之於蒼梧❺湘江❻間。累世傳見之，手掌中有赤斧焉。

赤斧頤❼真　發秀戎巴　寓迹神祠　澒鍊丹砂
髮雖朱蕤　顏曄丹葩　采藥靈山　觀化❽南遐

【章　旨】

本章寫手掌中有赤斧的仙人的故事。

【注 釋】

❶巴戎 中國古代民族名，周以前居住在武落鍾離山（今湖北省長陽縣）一帶。以魚獵為生，善擲劍射箭，熟悉水性，相傳能造船。後徙鄂西北、川東和陝西漢中一帶。

❷主簿 官名，掌簿籍之事。

❸水須 水銀。須，亦作「汞」。神仙家煉丹的原料。

❹硝石 天然硝酸鉀，可入藥。

❺蒼梧 地名，周百粵地。漢初趙陀封其族人為蒼梧王於此。漢武帝置蒼梧郡。即今廣西省蒼梧縣治。

❻湘江 水名，又名湘水，湖南最大的河流，源出廣西省興安縣海陽山，與灕水同源。

❼頤 保養。

❽觀化 觀察變化。

【語 譯】

赤斧，是巴族人。擔任碧雞祠的主簿，能製水銀煉丹，與硝石放在一起服食，三十年後反而像兒童一樣，身上毛髮生長出來都呈紅色。幾十年後上華山，取來大禹剩下的糧食，在蒼梧、湘江一帶販賣。好幾代人都相傳見到他，並且說他手中有一把赤斧。

赤斧保養天真　在戎巴顯奇秀
居住神祠之中　水銀煉治丹砂
毛髮雖然紅嫩　顏色如花似玉
採藥靈山之上　遠去南方觀化

六二　呼子先

呼子先者，漢中關下卜師❶也，老壽百餘歲。臨去，呼酒家老嫗曰：「急裝，當與嫗共應❷中陵王。」夜有仙人，持二茅狗❸來，至呼子先。子先持一與酒家嫗，得而騎之，乃龍也。上華陰山，常於山上大呼言：「子先酒家母在此云。」

三靈❹潛感　應若符契　方駕茅狗　蜿爾龍逝
參❺登大華　自稱應世　事君不端❻　會之有惠❼

【章　旨】

本章寫呼子先和酒家老嫗一起乘由茅狗變成的龍昇仙的故事。

【注 釋】

❶卜師　從事占卜的人。卜，古人用火灼龜甲取兆，以預測吉凶，叫卜。
❷應　應和；響應。
❸茅狗　用茅草扎成的狗。
❹三靈　指天神、地祇、人鬼。
❺參　高。
❻不端　不終。端，事物的一頭。
❼惠　好處。

【語 譯】

呼子先，是漢中關下占卜先生，年紀有一百多歲。臨昇仙離開時，呼喚酒家老婦人說：「快點穿衣服，要和你一起響應中陵王。」果然在夜裡有仙人拿著二個茅草扎成的狗來了，來呼喚子先。子先拿一個茅狗給酒家老婦人，得到茅狗，騎上去，原來是龍。飛上華陰山，常在山上大聲呼叫：「子先、酒家老婦在此！」

三靈暗中感應　應和非常默契
剛才駕馭茅狗　蜿蜒神龍飛逝
登上高高太華　自報家門應世
事奉夫君不終　會合子先受益

六三 負局先生

負局先生者，不知何許人[1]也。語似燕代[2]間人，常負磨鏡局[3]徇吳市中衒[4]：「磨鏡一錢。」因磨之，輒問主人得無有疾苦者。輒出紫丸藥以與之，得者莫不愈，如此數十年。後大疫，病家至戶，到與藥，活者萬計，不取一錢。吳人乃知其真人[5]也。後主[6]吳山絕崖頭，懸藥下與人。將欲去時，語下人曰：「吾還蓬萊山，為汝曹[7]下神水。」崖頭一旦有水，白色流從石間來。下服之，多愈疾，立祠十餘處。

負局神端　披褐含秀[8]　術兼和鵲[9]　心託宇宙

引彼萊泉　灌此絕岫　欲返蓬山　以齊[10]天壽[11]

【章　旨】

本章寫背著磨鏡工具的仙人負局先生給人們帶來仙藥神水治病救人的故事。

【注　釋】

❶何許人　何處人；哪裡人。
❷燕代　地名。燕，周代諸侯國，戰國七雄之一，地在今河北北部和遼寧南部。代，戰國時國名，地在今河北省蔚縣一帶。
❸局　工具。
❹衒　沿街叫賣。
❺真人　道家（教）指存養本性的得道的人。
❻主　主持；掌管。

❼汝曹 你們。

❽披褐含秀 穿著粗劣的衣服而內在靈秀。

❾和鵲 醫和與扁鵲的合稱，二人都是古代名醫。

❿齊 同「濟」。成。

⓫夭壽 夭年。

【語譯】

負局先生，不知是何處人。說話像河北一帶人，常背著磨鏡工具，在吳地集市上走街串巷做生意：「磨一鏡收一文錢。」磨鏡當兒，總是詢問雇主有沒有疾病的煩惱，常拿紫色藥丸給他們，得到藥的人沒有不痊癒的。這樣過了幾十年。後來疫病流行，有病的人家登門求醫，有求就給藥，治活的病人數以萬計，始終不收一文錢。吳地人才知道他是得道之人。後來掌管吳山絕崖，把藥從空中懸下來送給人們。在即將離去時，給下面的人說：「我返回蓬萊山，為你們降下神水。」一天崖頭出現了水，呈乳白色從石頭中間流下來。下面的人喝了神水，很多人的病都好了，於是建立祠堂十幾處奉祀他。

負局神方妙術　穿粗衣內靈秀
兼通和鵲醫術　心情寄託宇宙
引那蓬萊泉水　灌此絕崖山頭
欲回蓬萊仙山　成全長長天年

六四 朱璜

朱璜者，廣陵❶人也。少病毒瘕❷，就睢山上道士阮丘。丘憐之，言：「卿❸除腹中三屍❹，有真人之業可度教也。」璜曰：「病愈，當為君作客三十年，不敢自還。」丘與璜七物藥，日服九丸，百日病下，如肝脾者數斗。養之數十日，肥健，心意日更開朗。與老君❺《黃庭經》❻，令日讀三過，通之能思其意。丘遂與璜俱入浮陽山玉女祠，且八十年，復見故處，白髮盡黑，鬢更長三尺餘。過家食，止數年復去，如此至武帝末，故在焉。

朱璜寢❼瘕　福祚❽相迎　真人投藥　三屍俱靈
心虛神瑩　騰贊❾幽冥　毛赬髮黑　超然❿長生

【章旨】

本章寫朱璜因病求醫，遇仙人授仙藥仙術，從而長生的故事。

【注釋】

❶廣陵　郡名。漢為廣陵國，東漢改廣陵郡，三國魏移治於淮陰。郡治故城在今江蘇省揚州市東北。

❷瘕　腹中結塊；腫瘤。

❸卿　對人表示親熱的稱呼。

❹三尸　亦稱「三蟲」、「三彭」。人腹中的三條蟲。《後漢書‧華陀傳》：「陀授以漆葉青黏散，……言久服，去三蟲，利五臟，輕體，使人頭不白。」

❺老君　即「老子」。其名稱最早見於《後漢書‧孔融傳》。

❻**黃庭經** 道教經書。現傳《黃庭經》有《上清黃庭內景經》、《上清黃庭外景經》和《黃庭中景經》三種。一般認為《黃庭中景經》出世較晚，因此通常所說的《黃庭經》未包括《黃庭中景經》在內。《上清黃庭外景經》早於《內景經》。王羲之寫經換白鵝，即指《外景經》。後世亦習以《黃庭》呼《外景經》。兩書均以七言歌訣講述養生修煉原理，為歷代道徒及修身養性者所重視，是道教思想與古醫學相結合的修真書。

❼**寢** 臥病。

❽**祚** 福。

❾**贊** 引導；導向。

❿**超然** 遙遠的樣子。

【語　譯】

朱璜，是廣陵人。少年時得了腹中長毒瘤的病，去找睢山上的道士黃阮丘醫治。阮丘可憐他，說：「你清除腹中的三條蟲，可以教你成就真人的事業。」朱璜說：「病好了，一定給您做工三十年，不敢自己作主回家。」阮丘給朱璜七種藥物，每天吃九丸，百天病好，排泄出像肝脾一樣的東西好幾斗。調養數十天，長得肥壯健康，精神日益開朗。給他老子的《黃庭經》，讓他每天讀三遍，最後讀通了，能領會它的意義。阮丘於是和朱璜一起進入浮陽山玉女祠中。八十年後又出現在原來的地方，白髮全變黑，鬢毛又長三尺多。經過舊家吃飯，停幾年後又走了，這樣一直到武帝末年，依然健在。

朱璜臥病生瘤　　福氣反而臨頭
真人投下仙藥　　治療三屍全靈
達到心虛神瑩　　昇騰進入幽冥
體毛紅頭髮黑　　超舉修得長生

六五 黃阮丘

黃阮丘者，睢山上道士也。衣裘被髮❶，耳長七寸，口中無齒，日行四百里，於山上種蔥薤❷百餘年，人不知也。時下賣藥，朱璜發明❸之，乃知其神人也。地動山崩，道絕，預戒下人。世共奉祠之。

蔥藹❹巖嶺　實棲若人　被裘散髮　輕步絕倫❺
含道養生　妙觀通神　發驗朱璜　告徧下民

【章旨】

本章寫睢山上仙人黃阮丘含道養生並救助人民的故事。

【注釋】

❶衣裘被髮　穿皮衣，披散髮。

❷蔥薤　蔥和薤菜是蔬菜，亦可入藥。蔥白作為中藥，性溫，味辛，功能通陽發表，主治外感風寒、頭痛寒熱等症。薤白，性溫，味苦辛，功能通陽散結，主治胸脾疼痛、瀉痢等症。

❸發明　闡明；開擴。

❹藹　茂盛。

❺絕倫　無與倫比。

【語譯】

黃阮丘，是睢山上的道士。穿著皮衣，披散頭髮，耳朵長達七寸，口中無牙齒，每天行走四百里，在山上種蔥、薤菜一百多年，人們都不知道他。由於時而下山賣藥，結果由朱璜揭示真相，人們才知道他是神仙。將要發生地震，山體崩塌，路道斷絕，他事先告戒山下的人。世人因而都奉祠他。

巖嶺青蔥茂盛　隱居如同凡人
穿皮衣披散髮　步履輕盈無比
含道頤養生命　妙觀通於神靈
朱璜一旦發現　遍告山下人民

六六　女丸

女丸者，陳❶市上沽酒❷婦人也。作酒常美，遇仙人過其家飲酒，以《素書》❸五卷為質❹。丸開視其書，乃養性交接❺之術。丸私寫其文要，更設房室，納諸年少，飲美酒，與止宿，行文書之法。如此三十年，顏色更如二十時。仙人數歲復來過，笑謂丸曰：「盜道無私，有翅不飛。」遂棄家追仙人去，莫知所之云。

玄《素》有要　近取諸身　彭聃❻得之　五卷以陳

女丸蘊妙　仙客來臻❼　傾書開引❽　雙飛絕塵

【章 旨】

本章寫賣酒婦人女丸得仙人的《素書》，行房中之術，於是返老還童，隨仙人離去的故事。

【注 釋】

❶**陳** 地名，地在今河南省淮陰縣。

❷**沽酒** 賣酒。

❸**素書** 注者認為此書可能是《素女秘道經》，內容為黃帝與素女有關房中術的問答。素女是精通房中術的女神。道教從養生出發強調男女性生活與健康的關係，主張房中節欲寶精，性交衛生與合理方法，如「還精補腦」、「採陽補陰」、「採陰補陽」等。

❹**質** 抵押。

❺交接　性交。

❻彭聃　即彭祖和老聃，皆神仙。

❼臻　到達。

❽開引　啟發。

【語譯】

女丸，是陳地集市上賣酒婦人。所釀的酒常常味道甘美，遇上一位仙人到她家飲酒，以《素女經》五卷作為抵押。女丸翻閱這本書，原來是講修養性命、房中性交之術的。女丸偷偷地抄寫文章的主要內容，更開設房間，收養少年男子於其中，給他喝美酒，與他同床共枕，按書中講的方法做愛。這樣三十年，顏色容貌又像是二十歲的時候。仙人幾年後又來訪問，笑著對女丸說：「偷用道術不算自私，羽翼豐滿何不飛昇？」於是離家追隨仙人去了，沒人知道她到何處去了。

《素女經》有要領　近由自身實行

彭祖老聃得到　送給女丸五卷

女丸蘊含玄妙　仙客不速來到

拿出經書啟發　雙飛超凡脫俗

六七　陵陽子明

陵陽子明者，銍鄉❶人也。好釣魚於旋谿，釣得白龍，子明懼，解鉤拜而放之。後得白魚，腹中有書，教子明服食之法❷。子明遂上黃山❸，採五石脂❹，沸水而服之。三年，龍來迎去，止陵陽山上百餘年。山去地千餘丈，大呼下人，令上山半。告言谿中子安，當來問子明釣車在否。後二十餘年，子安死，人取葬石山下。有黃鶴來棲其冢❺邊樹上，鳴呼子安云。

陵陽垂釣　白龍銜鉤　終獲瑞魚　靈述是修
五石溉水　騰山乘虬　子安果沒❻　鳴鶴何求

【章旨】

本章寫陵陽子明釣魚得到白龍，放回水中，後來龍來迎他昇仙的故事。

【注釋】

❶**銍鄉**　地名，春秋時宋國銍邑，故地在今安徽省宿縣西南。

❷**服食之法**　神仙家方術，食丹藥丸散以求長生成仙。

❸**黃山**　山名，在安徽省歙縣西北。神話傳說黃帝曾與容成公、浮丘公合丹於此。

❹**五石脂**　石類，產山谷中，性黏，古時用以塗釜，或服食，有青黃黑赤白五種。

❺**冢**　墳。

❻**沒**　死。

【語譯】

陵陽子明，是銍鄉人。喜歡在旋溪上釣魚。釣到一條白龍，子明很害怕，解下魚鉤向龍叩拜，並放牠回水中。後來又釣到一條白魚，肚裡有文書，教授子明服食修煉的方法。子明於是上黃山，採五種石脂，用沸水煮煎而服食。三年後，龍來迎他離去，停在陵陽山上一百餘年。山離地面一千餘丈高，大聲呼叫山下人，讓他們上到半山腰，告訴他們山谿中子安，應當前來，以便詢問子明的釣車還在不在。二十幾年後，子安死了。人們抬去葬在石山下，有黃鶴飛來，住在墳邊樹上，鳴叫呼喚子安的名字。

陵陽喜歡垂釣　白龍來咬魚鉤
終於得到靈魚　告訴服食仙術
五種石脂煮水　乘虬昇騰山頂
子安終於死去　黃鶴鳴叫何求

六八 邗子

邗子者，自言蜀人也，好放犬子，時有犬走入山穴❶，邗子隨入十餘宿，行度❷數百里，上出山頭。上有臺殿宮府，青松樹森然❸，仙吏侍衛甚嚴。見故婦主洗魚，與邗子符一函❹并藥，便使還與成都令❺喬君。喬君發函，有魚子也，著池中，養之一年，皆為龍形，復送符❻還山上。犬色更赤，有長翰❼，常隨邗子。往來百餘年，遂留止山上，時下來護其宗族。蜀人立祠於穴口，常有鼓吹傳呼聲。西南數千里共奉祠焉。

邗子尋犬　宕入仙穴　館閣峨峨❽　清松列列❾
受符傳藥　往來交結　遂棲靈岑　音響昭徹❿

【章 旨】

本章寫邗子尋犬來到仙山，為仙人傳送符契仙藥，後來定居仙山的故事。

【注 釋】

❶山穴 即山洞。

❷度 揣度；估計。

❸森然 繁密的樣子。

❹函 匣子。

❺令 政府部門的長官。

❻符 憑證。

❼長翰 長毛。

❽峨峨　崇高。

❾列列　高聳的樣子。

❿昭徹　嘹亮。

【語譯】

邗子，自稱是四川人。他喜愛放牧犬，當時有犬跑進山洞，邗子尾隨進去。過了十幾夜，估計行走了有幾百里，便從山頭出來。見到山上有臺殿宮府，青松繁茂，仙官侍衛森嚴。他見到從前的女主人在洗魚，她給邗子憑證，一個匣子和藥物，就讓他回去送給成都地方長官喬君。喬君打開匣子，裡面有小魚，便放入水池中養了一年，都變為龍形。邗子又送憑證上山。犬的顏色更加赤紅，長有長毛，常跟隨邗子。邗子往來跑了一百多年，隨後就留住在山上，有時下山來護佑他的宗族人。四川人便在山洞口建立祠廟，祠中經常傳出鼓吹呼喚的聲音。自此西南數千里的人們都奉祀他。

邗子尋找其犬　遊蕩進入仙洞

館閣巍峨崇高　青松高聳入雲
接受傳送符藥　往來天上人間
於是居住靈山　仙人聲音嘹亮

六九　木羽

木羽者，鉅鹿❶南和平鄉人也。母貧賤，主助產。嘗探產婦，兒生便開目，視母大笑，其母大怖，夜夢見大冠赤幘者守兒，言：「此司命君❷也，當報汝恩，使汝子木羽得仙。」母陰信識之。母後生兒，字❸之為木羽。所探兒生年十五，夜有車馬來迎去，遂過母家，呼木羽。木羽為御❹，來遂俱去。後二十餘年，鸛雀日銜二尺魚，著母戶上。母匿不道，而賣其魚，三十年乃沒去。母至百年乃終。

司命挺靈　產母震驚　乃要報了❺　契定未成

道足三五　輕駟宵迎　終然報德　久乃遐齡❻

【章旨】

本章寫木羽母親為別人接生嬰兒，生下仙人「司命君」，仙人報答恩德，讓她的兒子木羽成了仙，而她也得以長壽的故事。

【注釋】

❶鉅鹿　郡名，秦置，漢因之，地約當今河北省南自平鄉、任縣至晉縣、藁城一帶地區。
❷司命君　神名。
❸字　取名字。
❹御　駕車。
❺了　應作「子」。
❻遐齡　長壽。

【語譯】

木羽，是鉅鹿南和平鄉人。母親貧窮，地位低下，以接生為生。曾從產婦腹中伸手取出嬰兒，嬰兒生下就睜開眼睛，看著她大笑，木羽母親非常害怕。在夜裡便夢見一個戴著大帽子紅頭巾的人守護著嬰兒，說：「這是司命神，一定報您的恩，使你的兒子木羽得以成仙。」木羽母親暗自牢牢記下這番話。她後來生下兒子，取名叫木羽。從母腹中取出的小孩十五歲時，夜裡有一輛馬車來帶他走，就在經過木羽母親家時，呼喚木羽，叫木羽為他駕馬車，到了以後就一起走了。二十幾年後，鸛雀有天早晨叼來一條二尺長的魚，放在木羽母親門上。木羽母親沒向外張揚，便把魚賣掉，這樣過了三十年鸛雀才離去。而木羽的母親也活了一百歲才去世。

司命鮮活神靈　助產婦而吃驚
報恩使兒得仙　諾言尚未實現
修道滿十五載　輕車夜裡來迎
終於報答恩德　享了長壽之福

七〇　玄俗

玄俗者，自言河間❶人也。餌巴豆❷，賣藥都市，七丸一錢，治百病。河間王病瘕❸，買藥服之，下蛇十餘頭。問藥意，俗云：「王瘕，乃六世餘殃❹下墮，即非王所招也。王常放乳鹿麟❺母也，仁心感天，故當遭❻俗耳。」王家老舍人❼自言，父世見俗，俗形無影。王乃呼俗日中看，實無影。王欲以女配之，俗夜亡去。後人見於常山下。

質虛影滅　時惟玄俗　布德神丸　乃寄鹿犢❽
道發河間　親寵方渥❾　騰龍不制　超然絕足

【章旨】

本章寫無影仙人玄俗為好心人治病的故事。

【注釋】

❶河間　縣名，屬今河北省，故戰國趙國地。漢文帝二年為河間國。因地處黃河與永定河之間而得名。

❷巴豆　常綠灌木或小喬木。中藥以種子入藥，性熱，味辛，功能破積、逐水、涌吐痰涎。主治寒結便秘、腹水腫脹等症。有大毒，宜慎用。

❸瘕　腹中結塊；毒瘤。

❹餘殃　遺留的禍害。

❺麟　大牡鹿。

❻遭　遇。

❼舍人　王公貴官的侍從賓客、親近左右，通稱舍人。

❽贖　用財物或行動解除刑罰。

❾渥　優厚。

【語　譯】

玄俗，自我介紹說是河間人。服食巴豆，在城鎮集市上賣藥，七丸賣一錢，可治療百病。河間王腹中長了毒瘤，買藥吃了，排泄出十多頭蛇。問下藥的道理，玄俗說：「大王得的毒瘤是六輩子的人遺留下的禍害，不是由您招致的。王常常放乳鹿和大牡鹿讓牠們回到自然中去，好心腸感動了上天，因而遇上我。」河間王家裡的老舍人自己說，他父輩見過玄俗，玄俗有形體但沒有影子。河間王就招呼玄俗站在陽光下看，確實沒有影子。河間王想把女兒嫁給他，玄俗卻在夜間逃跑了。後來人們在常山腳下見過他。

形體虛影子滅
神藥施惠人間
道術顯靈河間
飛龍不受拘束

當時只有玄俗
送給放鹿之人
受到優惠待遇
高遠騰空而去

讚

讚[1]曰：《易》稱「太極，是生兩儀[2]」，兩儀生，然後有人民；有人民，然後有生死；生死之義著明矣。蓋萬物施張，渾爾而就，亦無所不備焉。神矣！妙矣！精矣！微矣！其事不可得一一論也。聖人仰則觀象於天，俯則觀法於地，日月運行，四時分治，五星受制於太微[3]，監無道之國，吉凶預見以戒士[4]者，動靜言語，應效相通，有自來矣。夫然雖不言其變化云為，不可謂之無也。《周書》[5]序桑蟜問涓子曰：「有死亡而復云有神仙者，事兩成邪？」涓子曰：「言固可兩有耳。」《孝經援神契》[6]言：不過天地造靈洞虛，猶立五嶽[7]，設三台[8]，陽精主外，陰精主內，精氣上下，經緯[9]人物，道治非一。若夫草木，皆春生秋落，必矣。而木有松、柏、橿、檀之倫，百八十餘種，草有芝英、萍實、靈沼、黃精、白符、竹翣、戒火，長生不死者萬數，盛冬之時，經霜歷雪，蔚而不彫，見斯其類也，何怪於有仙邪？余嘗得秦大夫阮倉撰《仙圖》，自六代迄今，有七百餘人。始皇好遊仙之事，庶幾❿有獲。故方士霧集，祈祀彌布，殆必因迹託虛，寄空為實，不可信用也。若《周公黃錄》記太白⓫下為王公，然歲星⓬變為甯壽公等，所見非一家。聖人所以不開其事者，以其無常，然雖有時著，蓋道不可棄距而閉之，尚貞正⓭也。而《論語》云「怪力亂神⓮」，其微旨可知⓯矣。

【說明】

《列仙傳》的每章末有八句四言讚語，作為作者對該神仙事跡的頌語。全傳末又有這篇總讚，約相當於現代的「結束語」，對這部書作一個總結，點明寫書的意圖。這個「讚」的大意是說神仙可求。

【注釋】

❶**讚** 古代文體的一種，《漢書》、《後漢書》等的紀、傳的結尾部分有「讚」，略等於一個總評，一般用於頌揚，多用韻文寫成。

❷**太極二句** 見《易・繫辭上傳》。太極，原始渾沌之氣。兩儀，指陰陽。

❸**太微** 天帝南宮。

❹**土** 當作「王」。

❺**周書**　即《尚書》。相傳為虞、夏、商、周四代之書。其中〈泰誓〉至〈秦誓〉三十二篇，記載周秦之事，稱《周書》。

❻**孝經援神契**　緯書的一種。漢人偽託孔子所作。以儒家經義附會人事吉凶。有今文、古文兩本。

❼**五嶽**　即嵩山（中嶽）、泰山（東嶽）、華山（西嶽）、衡山（南嶽）、恒山（北嶽）。

❽**三台**　星名。上台、中台、下台共六星，兩兩相比，起文昌，列抵太微。也作三階，也稱泰階。

❾**經緯**　治理。

❿**庶幾**　表示可能或期望。

⓫**太白**　星名，即金星，一名啟明星。傳說太白主殺伐。

⓬**歲星**　即木星。

⓭**貞正**　正當。

⓮**怪力亂神**　語出《論語・述而》。意思是：孔子不講鬼神或奇怪的東西。

⓯**微旨可知**　意為孔子不語怪力亂神，然而孔子對鬼神敬而遠之，沒有完全否定鬼神的存在。

【語譯】

讚說：《周易》認為「太極生陰陽兩儀」，陰陽兩儀生成，然後有人民；有人民，然後有生死；然後生死的意義便突顯出來了。大抵萬物運行，渾然而成，也無所不具，真是神妙精微啊！這些事是不能夠一件件說明的。聖人抬頭就觀察天象，低頭就觀察大地的運動規律，日月運行，四時分職而治，五星接受太微星的管轄，監視無道的國家，現出吉凶預兆，來告戒統治者要注意自己的言行舉止，預兆與效應相符，由來已久了。這樣雖未明說它的變化作為，卻是不可以說沒有的。《尚書》記載桑蟜問涓子說：「有死亡的事實而又說有神仙，難道有兩種可能嗎？」涓子說：「可以說有兩種可能的。」《孝經援神契》說：無非天地創造神靈玄妙，還建立五嶽，設置三台。陽精主管外面，陰精主管內部，精氣上下溝通，治理人類和萬物。而大道所治理的不止於一種。像那草木，都在春天生長、秋天凋落，是自然現象。然而樹木當中有松柏橿檀之類一百八十多種，草當中有芝英、萍實、靈沼、黃精、白符、竹翣、戒火，長生不死的有上萬種，隆冬時節，飽經寒霜飛雪，茂盛而不凋零，見到這類事物，對於有神仙還會有什麼感到奇怪的！我曾經得到秦大夫阮倉的《仙圖》，自黃帝、夏、商、周、秦、漢六個朝代以至今日，共收有七百多個仙人。秦始皇喜愛遊歷求仙之事，可能有所收穫。因而方術之士雲集，祈神活動到處存在，但這恐怕一定是捕風捉影，以虛為實，是不可輕信的。像那《周公黃錄》記載太白星下凡成為王公，而歲星變為甯壽公等等，就所見文獻不只一個人這樣說。聖人之所以不大講這種事，是因為它沒有定準。而《論語》說：「子不語怪力亂神。」其中的微妙含義就可以明白了。

古籍今注新譯叢書

哲學類

新譯四書讀本　謝冰瑩等編譯
新譯學庸讀本　王澤應注譯
新譯論語新編解義　胡楚生編著
新譯孝經讀本　賴炎元等注譯
新譯易經讀本　郭建勳注譯
新譯周易六十四卦經傳通釋：上經　黃慶萱注譯
新譯周易六十四卦經傳通釋：下經　黃慶萱注譯
新譯乾坤經傳通釋　黃慶萱注譯
新譯易經繫辭傳解義　吳怡著
新譯禮記讀本　姜義華注譯
新譯儀禮讀本　顧寶田等注譯
新譯孔子家語　羊春秋注譯
新譯老子讀本　余培林注譯
新譯帛書老子　趙鋒注譯
新譯老子解義　吳怡著
新譯莊子讀本　黃錦鋐注譯
新譯莊子讀本　張松輝注譯
新譯莊子本義　水渭松注譯
新譯莊子內篇解義　吳怡著
新譯列子讀本　莊萬壽注譯
新譯墨子讀本　李生龍注譯
新譯公孫龍子　丁成泉注譯
新譯晏子春秋　陶梅生注譯
新譯鄧析子　徐忠良注譯
新譯荀子讀本　王忠林注譯
新譯尹文子　徐忠良注譯
新譯尸子讀本　水渭松注譯
新譯鶡冠子　趙鵬團注譯
新譯鬼谷子　王德華等注譯
新譯韓非子　傅武光等注譯
新譯呂氏春秋　朱永嘉等注譯
新譯韓詩外傳　孫立堯注譯
新譯淮南子　熊禮匯注譯
新譯春秋繁露　朱永嘉等注譯
新譯新書讀本　饒東原注譯
新譯新語讀本　王毅注譯
新譯潛夫論　彭丙成注譯
新譯論衡讀本　蔡鎮楚注譯
新譯申鑒讀本　林家驪等注譯
新譯人物志　吳家駒注譯
新譯張載文選　張金泉注譯
新譯近思錄　張京華注譯
新譯傳習錄　李生龍注譯
新譯呻吟語摘　鄧子勉注譯
新譯明夷待訪錄　李廣柏注譯

文學類

新譯楚辭讀本　林家驪注譯
新譯楚辭讀本　傅錫壬注譯
新譯文心雕龍　羅立乾注譯
新譯六朝文絜　蔣遠橋注譯
新譯世說新語　劉正浩等注譯
新譯昭明文選　周啟成等注譯
新譯古文觀止　謝冰瑩等注譯
新譯古文辭類纂　黃鈞等注譯
新譯樂府詩選　溫洪隆注譯
新譯古詩源　馮保善注譯
新譯千家詩　邱燮友等注譯
新譯詩品讀本　成林等注譯
新譯花間集　朱恒夫注譯
新譯南唐詞　劉慶雲注譯
新譯絕妙好詞　聶安福注譯
新譯唐詩三百首　邱燮友注譯
新譯宋詩三百首　陶文鵬注譯
新譯宋詞三百首　汪中注譯
新譯宋詞三百首　劉慶雲注譯
新譯元曲三百首　賴橋本等注譯
新譯明詩三百首　趙伯陶注譯
新譯清詩三百首　王英志注譯
新譯清詞三百首　陳水雲等注譯
新譯唐人絕句選　卞孝萱等注譯
新譯唐才子傳　戴揚本注譯
新譯拾遺記　石磊注譯
新譯搜神記　黃鈞注譯

新譯明傳奇小說選　陳美林等注譯
新譯容齋隨筆選　朱永嘉等注譯
新譯明散文選　周明初注譯
新譯明清小品文選　鄭　婷注譯
新譯人間詞話　馬自毅注譯
新譯白香詞譜　劉慶雲注譯
新譯幽夢影　馮保善注譯
新譯菜根譚　吳家駒注譯
新譯小窗幽記　馬美信注譯
新譯圍爐夜話　馬美信注譯
新譯郁離子　吳家駒注譯
新譯歷代寓言選　黃瑞雲注譯
新譯賈長沙集　林家驪注譯
新譯揚子雲集　葉幼明注譯
新譯曹子建集　曹海東注譯
新譯建安七子詩文集　韓格平注譯
新譯阮籍詩文集　林家驪注譯
新譯嵇中散集　崔富章注譯
新譯陸機詩文集　王德華注譯
新譯陶淵明集　溫洪隆注譯
新譯江淹集　羅立乾等注譯
新譯庾信詩文選　歸　青注譯
新譯初唐四傑詩集　李福標注譯
新譯駱賓王文集　黃清泉注譯
新譯王維詩文集　陳鐵民注譯
新譯孟浩然詩集　楊　軍注譯
新譯李白詩全集　郁賢皓注譯

新譯杜甫詩選　張忠綱等注譯
新譯杜詩菁華　林繼中注譯
新譯高適岑參詩選　孫欽善等注譯
新譯昌黎先生文集　周啟成等注譯
新譯劉禹錫詩文選　閻　琦注譯
新譯柳宗元文選　卞孝萱等注譯
新譯白居易詩文選　陶　敏等注譯
新譯元稹詩文選　郭自虎注譯
新譯李賀詩集　彭國忠注譯
新譯杜牧詩文集　張松輝注譯
新譯李商隱詩選　朱恒夫等注譯
新譯范文正公選集　王興華等注譯
新譯蘇洵文選　羅立剛注譯
新譯蘇軾文選　滕志賢注譯
新譯蘇軾詞選　鄧子勉注譯
新譯蘇轍文選　朱　剛注譯
新譯曾鞏文選　高克勤注譯
新譯王安石文選　沈松勤注譯
新譯唐宋八大家文選　鄧子勉注譯
新譯柳永詞集　侯孝瓊注譯
新譯李清照集　姜漢椿等注譯
新譯陸游詩文選　韓立平注譯
新譯辛棄疾詞選　聶安福注譯
新譯歸有光文選　鄔國平注譯
新譯唐順之詩文選　馬美信注譯
新譯徐渭詩文選　周　群等注譯
新譯薑齋文集　平慧善注譯

新譯方苞文選　鄔國平等注譯
新譯鄭板橋集　朱崇才注譯
新譯袁枚詩文選　王英志注譯
新譯李慈銘詩文選　潘靜如注譯
新譯聊齋誌異選　任篤行等注譯
新譯閱微草堂筆記　嚴文儒注譯
新譯浮生六記　馬美信注譯
新譯弘一大師詩詞全編　徐正綸編著

歷史類

新譯史記　韓兆琦注譯
新譯漢書　吳榮曾等注譯
新譯後漢書　魏連科等注譯
新譯三國志　吳樹平等注譯
新譯資治通鑑　張大可等注譯
新譯史記—名篇精選　韓兆琦注譯
新譯尚書讀本　吳　璵注譯
新譯尚書讀本　郭建勳注譯
新譯周禮讀本　賀友齡注譯
新譯逸周書　牛鴻恩注譯
新譯左傳讀本　郁賢皓等注譯
新譯公羊傳　雪　克注譯
新譯穀梁傳　顧寶田注譯
新譯春秋穀梁傳　周　何注譯
新譯戰國策　溫洪隆注譯
新譯國語讀本　易中天注譯
新譯說苑讀本　左松超注譯

新譯說苑讀本　羅少卿注譯
新譯新序讀本　葉幼明注譯
新譯吳越春秋　黃仁生注譯
新譯西京雜記　曹海東注譯
新譯列女傳　黃清泉注譯
新譯越絕書　劉建國注譯
新譯燕丹子　曹海東注譯
新譯東萊博議　李振興等注譯
新譯唐六典　朱永嘉等注譯
新譯唐摭言　姜漢椿注譯

宗教類

新譯金剛經　徐興無注譯
新譯高僧傳　朱恒夫等注譯
新譯碧巖集　吳　平注譯
新譯百喻經　顧寶田注譯
新譯楞嚴經　賴永海等注譯
新譯梵網經　王建光注譯
新譯圓覺經　商海鋒注譯
新譯法句經　劉學軍注譯
新譯六祖壇經　李中華注譯
新譯禪林寶訓　李中華注譯
新譯維摩詰經　陳引馳等注譯
新譯經律異相　顏洽茂注譯
新譯阿彌陀經　蘇樹華注譯
新譯無量壽經　邱高興注譯
新譯無量壽經　蘇樹華注譯
新譯景德傳燈錄　顧宏義注譯
新譯大乘起信論　韓廷傑注譯
新譯釋禪波羅蜜　蘇樹華注譯
新譯八識規矩頌　倪梁康注譯
新譯永嘉大師證道歌　蔣九愚注譯
新譯華嚴經入法界品　楊維中注譯
新譯地藏菩薩本願經　李承貴注譯
新譯悟真篇　劉國樑等注譯
新譯无能子　張松輝注譯
新譯坐忘論　張松輝注譯
新譯列仙傳　張金嶺注譯
新譯抱朴子　李中華注譯
新譯神仙傳　周啟成注譯
新譯性命圭旨　傅鳳英注譯
新譯老子想爾注　顧寶田等注譯
新譯周易參同契　劉國樑注譯
新譯道門觀心經　王　卡注譯
新譯養性延命錄　曾召南注譯
新譯樂育堂語錄　戈國龍注譯
新譯冲虛至德真經　張松輝注譯
新譯長春真人西遊記　顧寶田等注譯
新譯黃庭經・陰符經　劉連朋等注譯

軍事類

新譯司馬法　王雲路注譯
新譯尉繚子　張金泉注譯
新譯三略讀本　傅　傑注譯
新譯吳子讀本　王雲路注譯
新譯孫子讀本　吳仁傑注譯
新譯李衛公問對　鄔錫非注譯

教育類

新譯爾雅讀本　陳建初等注譯
新譯顏氏家訓　李振興等注譯
新譯聰訓齋語　馮保善注譯
新譯曾文正公家書　湯孝純注譯
新譯三字經　黃沛榮注譯
新譯百家姓　馬自毅等注譯
新譯幼學瓊林　馬自毅注譯
新譯增廣賢文・千字文　馬自毅注譯
新譯格言聯璧　馬自毅注譯

政事類

新譯商君書　貝遠辰注譯
新譯鹽鐵論　盧烈紅注譯
新譯貞觀政要　許道勳注譯

地志類

新譯山海經　楊錫彭注譯
新譯水經注　陳橋驛等注譯
新譯佛國記　楊維中注譯
新譯大唐西域記　陳　飛等注譯
新譯洛陽伽藍記　劉九洲注譯
新譯徐霞客遊記　黃　珅注譯

◎新譯長春真人西遊記

顧寶田、何靜文／注譯

十三世紀三十年代，丘處機應元太祖成吉思汗之邀，帶領十八位弟子前往中亞雪山行宮接受諮詢。此行往返三年，行程數萬里，由弟子李志常記錄一路上的所見所聞而成《長春真人西遊記》。書中所記包含沿途人文地理之描述、丘處機悟道詩詞及其為成吉思汗講道之內容等，不僅是著名的道教典籍，也是研究中外交通史、民俗、宗教等方面的珍貴史料。本書參考王國維等前人的研究，注譯簡明曉暢，提供讀者閱讀、研究之便。

國家圖書館出版品預行編目資料

新譯列仙傳／張金嶺注譯,陳滿銘校閱.——二版三刷.——臺北市：三民，2020

面；　公分.——(古籍今注新譯叢書)

ISBN 978-957-14-2533-7（平裝）

1. 列仙傳—注釋 2. 道教—傳記

239

古籍今注新譯叢書

新譯列仙傳

注譯者　張金嶺
校閱者　陳滿銘

發行人　劉振強
出版者　三民書局股份有限公司
地　址　臺北市復興北路 386 號(復北門市)
　　　　臺北市重慶南路一段 61 號(重南門市)
電　話　(02)25006600
網　址　三民網路書店 https://www.sanmin.com.tw

出版日期　初版一刷 1997 年 2 月
　　　　　初版二刷 2004 年 10 月
　　　　　二版一刷 2013 年 2 月
　　　　　二版三刷 2020 年 10 月
書籍編號　S030810
I S B N　978-957-14-2533-7

三民書局